シリーズ◆荒れる青少年の心
自殺の心理

自己を追いつめる青少年の心

発達臨床心理学的考察

石田 弓 編著

北大路書房

はじめに

　今日，青少年の心の荒れを象徴する事件が続発している。最近の青少年にまつわるいくつかの事件を列挙するだけでも，23歳青年の通り魔殺人事件（東京・池袋），21歳青年の小学生殺人事件（「てるくはのる」，京都），中学生の5500万円恐喝事件（名古屋），高校生の主婦殺人事件（「殺人経験をしたかった」，愛知・豊川），高校生のバスジャック事件（佐賀），幼なじみの少年少女による家族殺傷事件（大阪・河内長野），小学6年生女児による同級生殺害事件（長崎・佐世保），自殺系サイトを通じた集団自殺（埼玉）など，枚挙にいとまがない。また，学校における青少年のいじめや不登校の問題も，深刻の度合いを深めている。

　現代，わが国は世界有数の豊かな国家に成長した。しかし，物質的な豊かさとは裏腹に，人々の心の成長は停滞してしまっているように見える。自己中心主義や無責任がはびこり，「思いやり」の欠如も際立ってきた。大人社会のこのような現象は，直接的・間接的に青少年にも影響を及ぼし，人格や社会性の発達に問題を抱える青少年が急増している。上述のさまざまな青少年にまつわる事件の発生も，このようなわが国のありようと無関係とはいえないであろう。

　こうした問題意識を背景に，われわれは現在危機に瀕している青少年の心に焦点をあてて，心理学，特に発達臨床心理学の立場から，その現状や具体的な対処の仕方などについて考察していこうと考えた。「発達臨床心理学」という用語は，ここでは現代の青少年にみられる心の荒れを発達的なつまずきとしてとらえ，その予防や対応などについて考察していこうとする立場，という意味で用いている。最近はその境界が曖昧になりつつあるが，従来，発達心理学と臨床心理学は，一方が健常な人々の発達，他方が問題をもつ人々の理解と援助という面に焦点をあてて研究が蓄積されてきたという歴史がある。また，これまでの臨床心理学では，それぞれの学派が独自の理論モデルを構築し，それぞれの理論に基づいて事例や問題を理解しようとする傾向が強く，現実の生活や社会状況に基づいて援助・介入しようとする視点や方法が必ずしも十分であったとはいえない。「発達臨床心理学」という概念は，簡単にいえばこれらを統合したものであるが，単に両者の加算ではなく，この両者を有機的に結びつけ，人間の心の発達とつまずきを1つの連続したもの

としてとらえようとする立場をとる。

　本書は，現代の青少年の問題を発達臨床心理学の立場から専門的に吟味しようとするものであるが，心理学の知識をもたない方々にも容易に理解できるように配慮している。これは現代の青少年にまつわる問題をできる限り多くの人々と共有し，ともに考えていきたいという本シリーズのねらいに基づくものである。

　本書は，このようなシリーズの第 7 巻に相当するもので，「自己を追いつめる青少年の心（自殺の心理）」に焦点をあてている。これまでに青少年の「キレ」や「ひきこもり」「いじめ」「自己愛の障害」「アイデンティティの病理」「関係性の病理」についてまとめてきた。また，続く第 8・9 巻では，青少年の「殺人の心理」や「無力感の心理」を取り上げる。

　本書は，3 章からなる。第 1 章では，青少年の自殺の定義や発生のメカニズム，および社会的影響について考察した。第 2 章では，青少年の自殺の実態と背景にある多様な状態像について記述した。第 3 章では，主として「自己を死に追いつめる青少年」やその家族，学校関係者への具体的な援助のあり方や自殺予防教育について記述している。現実の対応には難しい点も多いが，その一端を理解していただければ幸いである。なお本書は，比較的分量の少ない本であるが，コラムを多数設け，「自殺」についてさまざまな視点から解説するとともに，付章において読みやすい著書や論文を多数紹介するなど，読者の立場に立った構成になるように工夫したつもりである。本書を熟読いただき，「自己を死に追いつめる青少年」の問題について，多くの方々の理解と関心が少しでも深まることを切に願うしだいである。

　20 世紀が科学技術の発達の世紀であるとすれば，21 世紀はそれらの進歩の上に立って，そのさまざまな弊害を克服し，今一度人間らしい心の回復と発達を図ることが大きな課題となるであろう。現代の青少年のこのような心の荒れを真摯に見つめつつ，これに大人が真剣に向き合う努力を続けていくことができるならば，21 世紀はきっと希望に満ちた世紀となるに違いない。

　最後に，本書の企画から編集に至るまで，暖かくかつ辛抱強くご援助くださった北大路書房編集部の薄木敏之氏，廣田由貴子氏に心から感謝を申し上げたい。また，本企画の立案を勧めてくださり，積極的に応援してくださった元北大路書房編集部の石黒憲一氏にも，心から謝意を表するしだいである。

2005 年 9 月

編者　石田　弓

目次

はじめに

第1章 自殺の定義と自殺の形成メカニズム　1

第1節──自殺の定義　2
第2節──自殺の発生メカニズム　5
1　自殺の原因　5
2　自殺の心理力動的理解　11
3　現代の青少年に特徴的な「死への態度」と自殺　17

第2章 青少年の自殺の実態とその諸相　31

第1節──自殺の実態とレベル　32
1　自殺者数の時代的推移　32
2　自殺の兆候　36
3　自殺の危険の段階　39
第2節──自殺の諸相　46
1　いじめと自殺　46
2　ひきこもりと自殺　53
3　精神障害と自殺　57
4　人格障害と自殺　63

第3章 自殺に接近する青少年への対応　73

第1節──対応する際の原則　74
1　自殺の兆候に気づくために──いかにして自殺を予測していくか──　74
2　危険の段階に応じた支援　79
3　専門機関における自殺行動への対応　85
第2節──自殺に接近する青少年への対処方法　92
1　自殺予防教育　92
2　危機介入の実際　98
3　自殺未遂後の心のケア　103

Contents

  4 家族や学校関係者などへの支援 108

付章 自己を追いつめる青少年の心を理解するための**文献・資料集** 121

 引用文献 126
 人名索引 135
 事項索引 137

コラム

 ①脳のレベルからみた自殺 26
 ②自殺の性差 27
 ③自殺の多い季節・時間帯 28
 ④自殺の手段と危険性 29
 ⑤青年期の死生観 43
 ⑥中高年の自殺 44
 ⑦高齢者の自殺―喪失や病苦,孤独を苦にしての自殺について― 45
 ⑧群発自殺・後追い自殺 68
 ⑨自殺と心中 69
 ⑩自殺と自傷行為 70
 ⑪芸術家と自殺 71
 ⑫宗教と自殺 72
 ⑬死への準備教育 116
 ⑭徳島いのちの電話……「大丈夫ですよ」 117
 ⑮自死(自殺)遺児・遺族 118
 ⑯自殺未遂者の心 119
 ⑰自殺に関するカウンセラーの法的責任 120

第1章

自殺の定義と
自殺の形成メカニズム

第1節 自殺の定義

　自殺は英語で"suicide"，ドイツ語で"Selbstmord"と書くが，"sui" "Selbst"とは「自分」のことであり，"cide" "mord"とは「殺すこと」である。つまり，自殺とは日本語でも，英語でもドイツ語でも，字義的に解釈すると自分で自分の命を断つこと，つまり自己殺人ということになる。しかし，自分を殺す行為であっても，自殺とはいえないものがある。筆者が体験した例をあげてみよう。

【事例1】
　子どもがかくれんぼ遊びをしていた。1人の子が壊れた大きな冷蔵庫の中にはいって扉を閉めた。かくれんぼが終わってもその子が現われないのでみんなが探したところ，その子が冷蔵庫の中で死んでいるのが発見された。この例は自分で命を縮めたものであるが自殺とはいわず，事故死といわれる。

【事例2】
　ある晩，1人の泥棒が警官に追われていた。彼は逃げ場を失って太平洋に飛び込み，沖へ沖へと泳いで逃げ，ついに力つきて溺死してしまった。この例も自殺ではなく，誤った判断の結果であり，事故死のなかに入れるべきであろう。

【事例3】
　躁病という精神病がある。「自分は何でもできる。空だって飛べるんだ」という誇大妄想のために高いビルの屋上から空に向かって飛び出し，落下して死亡したとすると，これも自殺というよりは事故と考えるべきであろう。

【事例4】
　統合失調症やてんかんのもうろう状態などの精神病状態では，幻聴や妄想のために自

らの命を断つものがある。幻聴で「お前は死ぬべきだ」と命令されて自らの命を断つものは，普通の自殺とは異なるので擬似性自殺とよぶことがある。

このような例をみると，「自殺とは自らの手で命を断つものであり，死ぬ意思があったもの」というべきである。しかし，こう定義をしてみても，実際の臨床では，死ぬ意思があったのかどうなのか迷う場合も少なくない。

【事例5】
　ある青年が睡眠薬を大量に服用し，昏睡状態で病院に運ばれてきた。母と妹は「明らかに自殺行為だ」と医師に語った。枕許には100錠入りの睡眠薬の空ビンが転がっていたし，日ごろから「仕事がつらい。いっそのこと死にたい」などと言っていたからである。そのまま放置されていれば，おそらく死亡し，自殺としてかたづけられていたはずである。しかし，胃洗浄をし，一命をとりとめたあとに，彼は「自殺しようとしたのではない。眠りたいだけだった」と主張したのである。しかし，「眠りたいだけなら睡眠薬を100錠も飲むことはない。せいぜい2，3錠でよかったのではないか」と言うと，それには答えられない。さらに尋ねていくと，「薬を飲んで意識もうろう状態になったときに，命の危険は感じた。しかし，『死ぬなら，死んでもいいや』という自暴自棄的な気持ちが働いて，薬を飲み続けた」と告白してきた。そうなると，これは事故死というよりも自殺と考えるべきである。

もう一度，自殺を定義し直すと，「顕在的であれ，潜在的であれ，死にたいという意図をもち，自らの手で自らの命を縮めたもの」ということになる。

しかし，理論的にはこう定義できても，本当に死ぬ意図があっても，薬の量が少なすぎて助けられたり，逆に死ぬ気はなかったのに演技をしているうちに誤って死んだりする人もいて，なかなか判定が難しい場合がある。かつてロサンゼルスの自殺予防センターの研究員が，監察医務医らと協同して自殺研究チームをつくり，自殺か事故かわからない事例の過去の対人関係を中心とした分析を行い，自殺か事故かを鑑別する研究を行っていた。これは心理学的剖検とよばれていたが，これによったとしてもどちらとも判定できない事例もあった。自殺とはことさらに説明を要しない行動のように見えて，なかなか判定を下せない場合もあるのである。

自殺と関連しているいくつかの言葉を説明しておこう。まず第1に，メニンガー（Menninger, K.）は，慢性自殺の概念を提唱した。たとえば内臓が極度に悪く，これ以上飲酒すれば命を縮めるとわかっていながら飲酒を続けるとす

れば，その人の心理は自殺者のそれと変わりはなく，慢性自殺というべきだというのである。アルコールに限らず，各種の薬物依存者，ある種の心身症などにもいえることである。

また，ロンブローゾ（Lombroso, C.）らは，犯罪学の立場から間接自殺の概念を提唱している。これは，自殺をする決心がなかなかつかないので，直接に自殺するかわりに，死刑の執行を受けようとして，他人を殺害するものである。

なお，いわゆる心中を「拡大自殺」とよぶこともある。

自殺はある程度成熟した人格をもつ者が自らの意思に基づいてするものであり，その結果も予測できていると思われる。その意味で，厚生労働省に全国各地から自殺が報告される場合，10歳未満の子どもの自殺に関しては正確を期するために，もう一度差し戻しし，再調査をして報告させ，統計資料に組み込むという操作が行われているといわれる。

第2節

自殺の発生メカニズム

1 自殺の原因

　自殺の「原因」は，一般的には，単純化された図式によって示されることが多い。青少年の場合では「いじめ→自殺」，中年期の場合では「不況→生活苦→自殺」といった紋切り型の理解がよくみられる。また，動機が不明確な場合は「不可解」とかたづけられる場合もある。しかし，1つの動機や要因だけを強調するような理解では，問題の本質的な理解や解決にはつながらない。実際には，環境，問題解決能力の低い独特の性格傾向，生物学的因子，精神疾患，家族歴・遺伝といった要因が複雑に絡み合って自殺が生じると考えられている（図1-1）。このように，自殺とは多様な要因からなる複雑な現象であること

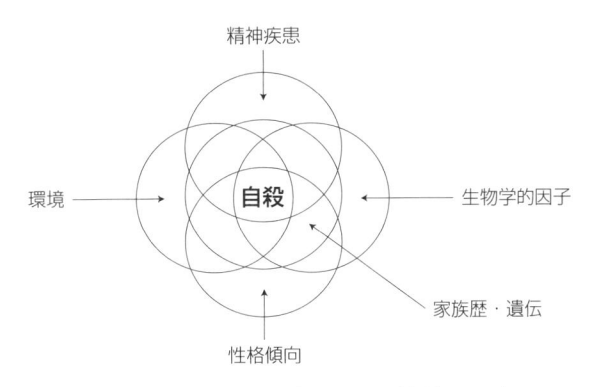

図1-1　自殺のさまざまな原因（高橋，1999）

を理解する必要がある。

　自殺が生じる場合，1つの公式があると考えられている（大原，2001）。まず，さまざまな要因からその人のなかに自殺の「準備状態」（自殺傾向）が形成され，そこに「直接動機」（引き金）が加わって自殺が起こる，というものである。準備状態が強く形成されている場合，直接動機が小さくても自殺に至ることがある。逆に，準備状態が弱くても，直接動機が大きい場合，自殺に至ることもある。このように，自殺は「自殺傾向と直接動機との関数的関係」から生じてくるのである。

　自殺の原因を以上のように考えると，問題の外側から見えやすい直接動機と，長い時間をかけて徐々に深刻化していく準備状態の両者を理解する必要があると思われる。ここでは，まず，統計をもとに自殺の原因・動機（主に直接動機）について概観する。次に，自殺の背景要因（主に準備状態の形成にかかわる要因）として，(a) 心理社会的要因，および (b) 生物学的要因，について述べる。

1── 統計からみた自殺の原因

　ここでは，自殺の原因について，統計（警察庁「自殺の概要資料」中の原因・動機別統計）を用いて概観する。はじめに，この統計の信頼性・客観性に関する問題点にふれておきたい。それは，動機の判別は遺書や周囲の情報などからの推測に頼るしかないこと，また，あえて1つの動機に分類していることから生じるものである。また，遺書は，視野と認識が狭窄した自殺直前の言葉であり，動機解明の手がかりとするには限界もある（駒田ら，2003）。したがって，この統計は，これらの問題点を念頭においた上で，自殺の直接動機のおおまかな傾向を把握するための参考にするのがよいと考えられる。

　図1-2は，警察庁が自殺の統計を発表しはじめた昭和53年からの原因・動機別自殺者数を示したものである。その推移をみると，どの時期においても「健康問題」がかなりの割合を占めていることがわかる。この「健康問題」には，さまざまな精神障害や病苦といった原因が含まれていると考えられる（高橋，2001）。次に多いのが「経済・生活問題」である。多くの動機の推移に大きな変動がみられないなかで，平成10年ごろより「経済・生活問題」の数が

第2節 ■ 自殺の発生メカニズム

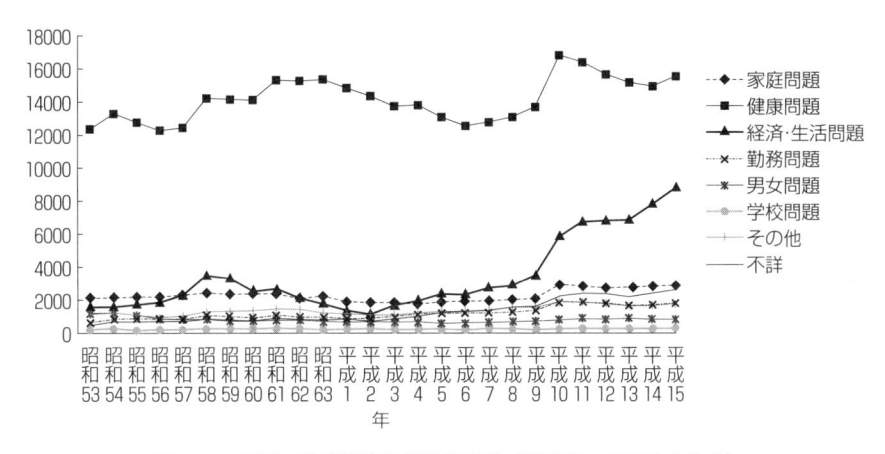

図1-2 原因・動機別自殺者数の推移（警察庁，2004より作成）

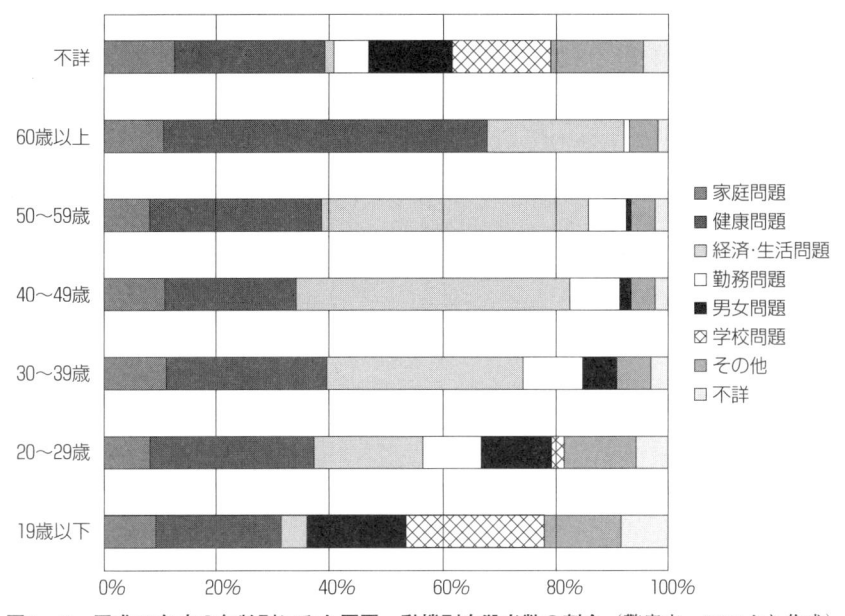

図1-3 平成15年中の年齢別にみた原因・動機別自殺者数の割合（警察庁，2004より作成）

急増している。これには，バブル崩壊後の深刻な不況の影響が指摘されている。
　次に，平成15年中の年齢別にみた原因・動機の割合を図1-3に示した。

まず，19歳未満は，ほぼ学齢期に相当しており，「学校問題」の割合が高い。それ以外では，「男女問題」や「家庭問題」の割合が比較的高い。なお，19歳未満の世代については，平成10年まで発表されていた警察庁の統計「少年の自殺の原因・動機」（警察庁，1998）に，より詳細な動機の内容が示されている。それによると，特に精神障害，学業不振，失恋，親やきょうだいとの不和，病苦といった動機の割合が高いことがうかがわれる。

　20歳代以降になると「経済・生活問題」の割合が上昇し，40歳代～50歳代の中年期では，「経済・生活問題」が「健康問題」を大きく上回っている。60歳以降の高齢期になると，「経済・生活問題」は低下し，「健康問題」が圧倒的に多くなっている。

　以上のように，統計からみても自殺の原因・動機は多様であり，また，ライフサイクルによってもその様相が異なることがわかる。

2──自殺の背景要因（主に準備状態の形成にかかわる要因）

　以下に示すさまざまな要因のうち，あてはまるものが多いと，自殺の準備状態が強く形成され，自殺の危険性も高くなる。

(a) 心理社会的要因

　ここでは，自殺の心理社会的要因として，環境や境遇の大きな変化および喪失体験，周囲からのサポートの欠如，群発自殺，性格傾向の偏り，生育過程における問題について述べる。

①環境や境遇の大きな変化および喪失体験

　環境や境遇の大きな変化は，心身の疲労や喪失体験をもたらし，自殺の直接動機にも背景要因にもなる。

　特に，喪失体験は自殺の危険因子として重要なものである。ここでいう喪失体験とは，自分にとって大きな意味のある重要な対象を失う体験のことである。具体的には，配偶者・親・子・恋人・友人といった近親者との死別，あるいは離婚・家族離散・失恋による近親者との別離といった体験があげられる。また，重要な対象とは人物に限らない。仕事，地位や名誉，役割，健康な身体，自尊心，価値観，慣れ親しんだ環境や物といったものも含まれる。そのため，失業や退職，仕事上の失敗，倒産，訴訟，大きな病気や怪我，いじめ，学業不振や

受験の失敗，転居や転校，といった出来事は心理的に大きな影響を与え，危機となりうる。また，昇進や栄転，結婚や出産といった一見ポジティブにみえる出来事も，あらたに役割や責任が伴う危機となりうる。子どもの成長に伴う自立も親役割の喪失となって危機をもたらす場合があり，これは「空の巣症候群」と呼ばれている。他者にとってはささいに見えるような体験でも，本人にとっては非常に大きな意味をもっている場合があり，注意を要する。

②周囲からのサポートの欠如

自殺は「孤独の病」とも表現されるように，家庭を中心に，学校や職場や地域において，周囲からの十分なサポートが得られにくい状況では自殺の危険性が高くなる。成人であれば，未婚の人，配偶者と離別した人，近親者の死亡を最近経験した人の自殺率は，結婚して配偶者のいる人の自殺率よりも約3倍高いという報告もある（高橋，1997）。青少年であれば，転居や転校後の仲間の不在，親の不在や適切な養育の不足などがサポートの欠如をもたらす。

③群発自殺

古くから，ある人物の自殺の後に複数の人々の自殺が連鎖的に生じる現象があり，「群発自殺」と呼ばれている。群発自殺は特に青少年に多く，青少年の自殺の1～5％を占めるという報告もある（高橋，1997）。影響力の強い有名な歌手や俳優などの自殺によって動揺する青少年は多い。典型的には，まず病的同一化や模倣などによって，最初の犠牲者と関係の深い人々の自殺が多発する。それがマスメディアにより，美化，誇張，単純に一般化された形でセンセーショナルに報道されると，被暗示性や共感性が重要な役割を果たし，最初の犠牲者と直接関係がない人々や広い地域にまで自殺の波が拡大する。

④性格傾向の偏り

性格傾向は生物学的要因に規定される面も大きいとされるが，性格傾向の偏りは，周囲との不和や摩擦をもたらし，対人関係や社会適応といった心理社会的な面での困難を招きやすい。また，問題やストレスを抱えた場合に，現実的な解決を困難にする要因ともなりうる。さまざまな性格傾向の人が自殺行動を引き起こす可能性があるが，特に注意を要するのは，未熟・依存的，衝動的，完全主義的，孤立・抑うつ的，反社会的といった傾向を示す人である（高橋，1999）。

⑤生育過程における問題

自殺の危険因子の1つに児童虐待があげられる（高橋，1999）。児童虐待は，自尊心の健全な発達を妨げ，抑うつ的・自己破壊的になりやすい傾向を形成する要因となる。また，児童虐待の背景として，親の離婚や崩壊家庭といった問題が重複している場合も多く，深刻な喪失体験や十分な愛情を伴わない養育などにより，自己破壊的な傾向も強まりやすい。

(b) 生物学的要因

ここでは，自殺の生物学的要因として，精神疾患，自殺の家族歴，性格気質および体質について述べる。

①精神疾患

精神疾患は自殺の主要な要因の1つであり，自殺者の8割以上には，背景に何らかの精神疾患があることが示されている（飛鳥井，2000）。しかし，自殺者の大部分は，精神疾患を抱えていても治療を受けていなかった，あるいは治療が適切なものではなかったといわれている。

自殺に密接に関連する精神疾患は，うつ病，統合失調症，人格障害，アルコール依存症，薬物依存などである。自殺の危険率については，うつ病で約15％，双極性障害（躁うつ病）で20％，アルコール依存症で18％，統合失調症で10％，いくつかのタイプの人格障害で5〜10％との推測が報告されている（飯嶋，2003）。ここでは，特に自殺に関連が深いうつ病と，若年層の自殺との関連が深い統合失調症について説明する。

うつ病は，感情・思考・身体のあらゆる面に症状が生じる疾患であり，主に抑うつ気分，精神運動制止，不安焦燥感，自律神経症状といった症状が出現する。妄想を伴う場合，自殺の危険性はより高まる。また，うつ病の経過のなかでは，回復期など気分変動の強い時期に自殺が多発することが知られており，注意が必要である。

統合失調症は，青年期に発病することが多い。思考・感情・意欲・行動・人格などに障害が生じることから，まとまりのない思考，感情表出の乏しさ，現実や対人関係からのひきこもりといった状態を呈する。統合失調症における自殺には，幻覚や妄想から引き起こされる例もあるが，社会適応が困難な病を抱えて生きていく上での問題を苦にした例も多いことが指摘されている（榎本，

1996)。

②自殺の家族歴

古くから，同一家系内で複数の自殺がみられることがしばしば報告され，遺伝が自殺に果たす役割が指摘されてきた。しかし，近親者の自殺のモデリングといった環境要因を重視する主張もあり，現在のところどちらが妥当かを確証するような結果は得られていない。臨床的に重要なことは，同一家系内での自殺の多発という事実をもとに，危機的状況にある人が，家族や近親者の自殺を経験したかどうかを把握しておくことであろう（高橋，1992）。

③性格気質および体質

最近の自殺に関する生物学的研究では，うつ病以外の精神疾患や，疾患や診断を越えた自殺の危険因子の解明に関心が払われている。そのなかで，性格気質としての「攻撃性／衝動性」，および体質としての「セロトニン作動性機能の低下」が，自殺行動と関連する有力な因子であることが示唆されている。特に，セロトニン作動性機能の指標のひとつである脳脊髄液中の5-ヒドロキシン・インドール酢酸（5-HIAA）の低下は，自殺者に一貫して認められる現象であるため，将来の自殺行動の予測因子になりうると考えられている（飯嶋，2003）。

しかし，このような生化学的指標による自殺の危険予測もまだ実用には至っていない。それは，高橋（1992）も述べているように，人間の精神は高次かつ複雑なものであり，社会的に規定される部分が大きいことを示すものであろう。

2　自殺の心理力動的理解

■1──児童期における自殺の特徴とその理解

(a) 児童期の子どもにとっての自殺の意味

児童期とは一般的には6,7歳から11,12歳の時期を指し，日本では小学生の年代にあたる。この時期には，他の発達年代と比べて自殺が生じる割合は少なく，児童の自殺について調査を行った大原ら（1963）によれば，9歳以下の児童による自殺はほとんど見られないという。また，幼い児童が死の意味，す

なわち死が生命の終わりであるということを十分理解できておらず，自殺という行為がどのような結果をもたらすかを認識していないという理由から，10歳以下の児童の自殺を一般的な意味での自殺に含めて考えることには疑問があるともいわれている（清水・岩田，1998）。しかし，フェファー（Pfeffer, 1986）は，非常に幼い子どもにも自殺行動は認められるとし，子どもがいかに独特な死の概念をもっていようとも，意図をもって自己を傷つけたり，死に至らしめようとしたりする行為を，成人同様に自殺として定義できるとしている。

自殺の危険性が高い子どもを対象にした調査などから，死が生命の終わりであることを理解している場合であっても，情緒的なストレスが強まると，死が一時的なものであるとみなしたり，可逆的なものであるとみなしたりするようになる可能性が示唆されている（Pfeffer, 1986）。また，年少の児童の場合には一度死んでから再生したいという空想を抱いている場合が多いともいわれている（清水・岩田，1998）。このように児童期の子どもにおいては，認知発達の未熟さからくる死の普遍性，不可逆性に対する理解の困難さが，その自殺行動を特徴づける側面があるといえる。自殺の手段に関しても，現実には死に至るとは考えにくい方法が選択されることもあり，児童の行為が死ぬことを意図してのものなのかどうかの判断が困難な場合も多い。

また，愛着対象の喪失を体験したり，現実には手に入れることができない理想的な保護者などを空想していたりするような場合には，自殺の試みが重要な対象との再会を達成するための手段とみなされることもある。このような空想は年代を問わず認められるものであるが，特に死や離婚などで親との離別を経験した子どもにおいて観察されることが多い（Pfeffer, 1986）。

(b) 家族の問題

一般に，子どもは年少であればあるほど，その生活における家族の及ぼす影響は大きいと考えられる。青少年の自殺行動が家族の危機を直接反映していることは多くの研究者や臨床家が指摘している（高橋，1997）。年少の児童が示す自殺の問題においても，その背景には家族の問題が大きく関係していると考えられる。

フェファーは，自殺の危険性が高い子どもの家族を検討した結果として，そ

の特徴を以下のように想定している。
　①親自身が自分の親からの分離個体化を達成していない。
　②夫婦間の関係が柔軟性を欠き，深刻な葛藤に満ちている。
　③極端に柔軟性を欠いた親子間の葛藤が慢性的に存在する。
　④共生的な親子関係が持続する。
　⑤家族のシステム全体が柔軟性を欠き，家族内の変化は強い不安を生む。
　家族システムのこのような特徴により，子どもは親の影響から十分に独立することが困難になる。また，親が内的に抱える問題が子どもに投影されることにより，安定した独自の同一性と肯定的な自尊心を獲得することができず，無価値感や親同様の否定的な自己像をもつようになってしまうのである。そのため，情緒的な負荷が強まる困難な状況におかれた場合には，過度に否定的な自己認識に彩られてしまうことになる。そこで家族が十分に機能しないことにより救済の望みが絶たれてしまうと，絶望感に支配されることになる。そして，死こそが苦痛に満ちた絶望感が終わることを意味するとみなすようになるとフェファーは仮定している。このように家族の葛藤を背負わされることにより，子どもの自殺に対する準備状態が形成されることになる。そこに負荷となる出来事（重要な対象の喪失，家庭内の大きな混乱，友人関係の問題など）が加わり，それが引き金となって自殺行動が生じてしまうのである。しかし，家族の問題により形成される自殺の準備状態は，児童期だけに認められるものではない。その後の発達のプロセスにおいても影響は残り，自殺傾向の高さとして維持されていくことになると考えられる。

2 ──思春期における自殺の特徴とその理解
（a）思春期の自殺の特徴

　思春期の定義は研究者によってさまざまであるが，ここでは12歳から17歳くらいの年代をさすものとして考えていく。日本では中学生から高校生にかけての年代である。心身両面での急激な変化にさらされて，ささいなことで動揺しやすい時期といえる。また，自分というものを意識し始めて，親からの分離を開始する時期でもあり，自殺のあり方にもこうした発達的な特徴が反映されている場合が多い。

この年代では，認知能力の発達等により，児童期に比べると現実的な感覚が強化されつつあるが，いまだに自殺や死というものに対して空想性を残しており，死を美化したり再生の願望を抱いていたりする傾向がある。

また，児童期の自殺には愛着を向けていた対象の喪失や家庭の混乱等が直接的な引き金となって発生するものが多いが，思春期になると個人的な内面の問題がその引き金となる場合が多く（大原・大原，1990），第三者の目からはその理由がわかりにくいものが増えてくるということも特徴といえるだろう。一方で，統合失調症などの精神障害の好発期にさしかかるため，自殺の背景に精神障害の影響が認められるようになってくる年代でもある。

(b) 家族との関係

精神分析家であるマルツバーガー（Maltsberger, 1986）は，自殺の危険性が高まっている者が体験する感情状態として，以下の3つをあげている。

①圧倒するような孤立感
②無価値感
③殺害に至るほどの怒り

「圧倒するような孤立感」とは，救済を期待できる愛着関係を見いだせずにいた発達初期の状況と結びついているものであり，慰めを期待しても与えてくれる他者は存在しないし，自分でも自らを平穏に保つことができないという見通しに基づいたものである。「無価値感」とは，成長する過程において重要な他者との関係のなかで与えられるメッセージによって植えつけられるものであり，「自分には価値がない」とか「自分が悪い」といった，自己に対する過度に批判的な見方として体験されるものである。「殺害に至るほどの怒り」とは，重要な他者に対して，そして自分自身に向けられるものであり，上記の孤立感や無価値感との関連で体験されるものである。

自己の内部に安定した自己統御の構造を備えることができずに成長した場合は，これらの3つの感情状態に陥りやすい。つまり，早期の重要な他者（保護者）との関係において，慰めを与える保護者の機能を自分のものとして内在化することに失敗した者は，これらの強烈な感情状態のなかで自己の安定を保つことが難しいのである。そのため，困難な状況を乗り切るためには外部の援助源に頼らなければならないとマルツバーガーはいう。児童期においては，いま

だ安定した自己統御の機能を獲得しえていない者でも，ある程度は家族が保護的に機能するため困難な状況を乗り越えることはできるかもしれない。しかし，子どもから大人への移行の時期であり，心理的な自立の開始とともに親との距離をとり始める思春期においては，援助源として保護者に頼ることは難しく，孤立した状態で困難な状況に直面しなければならない。ここで，安定した自己統御の構造が獲得されていない者は，外部の援助源からも救いが得られない状況のなかで自殺の危険性が高まることとなるのである。

（c）救いを求める自殺

自殺を動機づける背景としてあらゆる年代に共通して認められるものの1つに，自分の置かれた絶望的な状況を周囲に知らしめて，自分をその窮状から救ってもらいたいという願望がある。自殺行動はそのような願望を訴えるものとして理解されるのである。思春期，青年期の自殺は特に「救いを求める自殺」の色合いが濃いものとして理解される場合が多い（鈴木，1998）。すなわち，そのアピール性や依存欲求という点から，他者との関係あるいは他者の存在を意識して行動に移されることが多いということが思春期，青年期の自殺の特徴といえる。周囲に援助を求めることなく自殺行動へと進んでしまう老年期の「あきらめの自殺」と対照をなすところである。

思春期・青年期の年代では，自殺の未遂率が高いことも特徴にあげられることが多いが，これも「救いを求める自殺」という側面，そして「助けられたい」という願望の強さが関係していると考えられる。シュナイドマン（Shneidman, 1996）は自殺しようとする者に共通する心理として「死にたいと思う一方で，助けてもらうことを望んでいる」という相反する心理をあげている。本気で死のうと考えていても，どこかに救われたいという思いがあるということである。特に思春期・青年期の場合はこの助けられたいという願望は強く，そのため思春期・青年期の年代における自殺の手段や場所の選択，そして自殺の兆候が目につきやすいことなどに反映していると考えられる。

3 ── 青年期における自殺の特徴とその理解

（a）青年期の自殺の特徴

青年期もその年代区分はさまざまに考えられているが，ここでは18歳から

30歳ぐらいの期間とする。大学生から社会に出て数年間の年代にあたり，自分とは何かを明確にして，社会のなかでの自分の位置づけを模索していく時期といえるだろう。このため自己のアイデンティティの確立をめぐる問題が表面化する時期でもあり，自殺の背景にこうした問題が認められることもある。

この時期に至ると，自殺や死に対する態度は児童期や思春期と比較してより現実的なものになり，空想的，非現実的な態度は少なくなる。思春期と同様に青年期においても「求める自殺」という側面は特徴的であり，他の年代に比べるとやはり未遂率も高い。また，自殺の背景に精神障害が存在する割合が高くなり，うつ病性障害や統合失調症などの精神障害として顕在化した後に自殺行動が生じるということも増えてくる。また，思春期から青年期にかけて多く認められる手首自傷や薬物依存等の自己破壊的行動も，メニンガー（Menninger, 1938）が焦点的自殺や慢性的自殺と表現しているように，自殺の近接領域の問題として考えられることが多い。

(b) 憎しみと怒り

メニンガーは自殺を構成する要素として，以下の3つをあげている。

①殺意
②殺されたい願望
③死にたいと思う願望

「殺意」とは，本来外側の対象に向けられるべき怒りや攻撃性が，現実には表出するべき対象が見いだせないために自分自身に向けて表出されることを意味する。愛着の対象や満足をもたらしてくれることを期待する対象が失われたときに，その攻撃性を自己に向けかえることであり，その背景には愛着対象を自己の中に取り入れて同一視するという心の働きがあると考えられる。「殺されたい願望」とは，攻撃性をもつことに対する罪悪感や良心から生じる，処罰されることを望む無意識的願望を意味する。こうした願望の存在により，人は自分自身を罰して死に至らしめようとするのである。「死にたいと思う願望」とは，人間が本来有している自己破壊的傾向が，中和されることなく表面化してくることを意味する。

メニンガーの考えに照らしてみると，青年期の特徴としては「殺意」，すなわち殺したいと思う願望の要素が強いといえる（大原・大原，1990）。青年期

の自殺においては，他者との関係のなかで体験される両価的感情，すなわち愛情とそれが満たされない場合の憎しみ，依存欲求と敵意などが自殺の背景要因として大きく関係しているのである。

近年の青年期における自殺の特徴として渡辺（2003）は，救いを求める自殺や対象喪失による悲嘆を解消することを目的とした自殺よりも，他者への憎しみや怒り，その延長としての復讐や他者より優位に立ちたいという願望が背景に存在する自殺が増えていると指摘している。このような自殺の多くにおいて，人格発達の未成熟という傾向や境界性人格障害をはじめとする人格障害が関連しており，自殺行動へと進む直接的なきっかけとして自己愛の傷つきが存在するとしている。このように考えると，自己愛の傷つきをもたらした対象や長期にわたって蓄積された怒りの対象を，一気に打ち負かし支配する手段として自殺が選択されるといえる。

青年期に限らないことではあるが，自殺しようとする者にとっては，死とは敗北や終わりではなくて，自己の生死に対して万能的な統制を達成するものであり，これまでの人生で自分を拒絶してきた対象に対する勝利を意味するものなのかもしれない（Maltsberger, 2004）。圧倒するような情動の洪水のなかで健康な現実検討の力が失われると，心のまとまりが崩壊することから自己を守るために，敵とみなされる自己の身体を死に至らしめて，精神的な面で生き残るという魔術的，自己愛的な空想に彩られることもあるという。このように絶望的な状況に追いつめられて自殺の危険性が高まっている者にとっては，自殺とは身動きがとれず無力感に支配されている状況のなかで，自分がコントロールできるという能動性の感覚をもてるただ1つ残された体験としての意味があるのかもしれない。

3 現代の青少年に特徴的な「死への態度」と自殺

従来から青少年の自殺では死を美化したり，死に憧れるといった心理的特徴が指摘されてきた。死ぬことや死後の世界を理想化し，生きることの苦しみから解放されることを願って，自ら死を選ぶのである。また，人生の意味に懐疑を抱き，苦悩の末になされた「哲学自殺」も古くから注目されてきた。17歳

の一高生,藤村操の日光華厳の滝への投身自殺がよく知られている。思春期の訪れとともに自己意識が高まり,多感で傷つきやすく,悩みや挫折を経験するなかでしばしば観念的になりすぎ,「生きることの意味」を否定したり,死に魅入られてしまう心性は,いつの時代の青少年にも共通するものと思われる。

しかし,2003年におけるわが国の自殺者数は過去最悪の34,000人を超え,未成年の自殺も613件と,前年よりも22％増加し,女子の増加率は43％であった(警察庁生活安全局,2004)。ここ数年,青少年の自殺は減少傾向にあったが,今日に至って青少年を死に追いつめやすい要因が増えているのだろうか。

医療の発展とともに,青少年が祖父母などの身近な死に触れる機会が減少し,死の悲しみや恐さを経験することも減りつつあるという。しかし,間接的には事故や殺傷事件,自然災害,戦争,自殺事件など,さまざまな死に関する情報がマスメディアを通じて飛び込んでくる。また,フィクションではあるが,ドラマやマンガのなかにも死があふれており(自殺をテーマにした映画もある),テレビでは芸能人が「死ね！」「ぶっ殺す！」といった言葉を平気で口にする。さらに,親は次々と生産される戦闘系のゲームソフトを子どもたちに買い与え,子どもたちは何のためらいもなく「敵キャラクター」の命を奪っていく。

しかし,これだけ多くの間接的な死に触れながらも,「死」について深く悲しみ,「生の意味」についても考えさせられる機会は少ない。社会のなかで「死」が軽んじられているかのようである。こうした時代や社会の影響を受けながら育っていく青少年のなかで,死はどのように認識されていくのだろうか。

自殺にはさまざまな要因が複雑に絡み合っているが,ここでは現代の青少年に特徴的な「死への態度」と自殺について,社会的影響の視点から検討したい。

1 ── ドラマチックに演じようとする自己の死

2003年11月,大阪府内で19歳の少年が包丁で自身の家族を殺傷した(母親は死亡。父親と弟も重症)。交際中の16歳の少女とともに「互いの家族全員を殺害して金を奪い,一緒に暮らしたあと心中しよう」と考えていたという。2人とも家族に対して不信感や不満を抱いており,警察は「心中願望」を背景に家族殺害を計画したものとみている。2人は幼なじみであり,少女は少年にとって唯一の理解者として,家族殺害に全面的に同調していたとされている。そ

の後，2人には精神病理上の症状があり，今後も再犯や自殺，自傷行為の恐れがあるとのことから精神面の治療が優先され，医療少年院送致となった（読売新聞，2004年3月19日）。この事件は自殺には至らなかったが，現代の青少年一般にもみられる「死への態度」の問題を反映しているように思われる。

まず，自殺以前に2人の攻撃性が家族に向けられたが，青少年の自殺が家族の危機を直接反映している場合も少なくない（高橋，1997）。一見すると何の問題もない家族であっても，子どもがひそかに「自分は必要とされていない」などといった傷ついた否定的な自己像をもち，怒りや悲しみを抱えている場合には，攻撃性が自他に向けられる準備状態が形成されやすいのかもしれない。

しかし，この事件は突発的なものではなく，計画から実行までに1か月の期間があったにもかかわらず，2人には死以外の解決策は思い浮かばなかったのだろうか。差し迫った絶望状況があったわけではないが，怒りや悲しみなどの否定的情動が高まると「最悪！」とばかりに死を思い，否定的思考だけにとらわれて，結果も考えずに行動化してしまうことの背景には，衝動統制力の欠如だけではなく，死に対する認識の未熟さが関係しているものと思われる。もちろん，2人とも他殺や自殺が禁忌であることは知っていたが，閉鎖的な2人だけの世界のなかで歪んだ死の観念が正当化され，最悪の事態に至ったことが推測される。

また，ここでは「家族に愛されない若い男女が，復讐を果たした後に悲劇の最期をともにする」といった物語性がうかがわれ，2人が自分たちの死をドラマチックに演出しようとしたかのような印象もある。空想に陶酔する傾向は青少年にはめずらしくないが，現代社会には青少年に死を甘美なものと信奉させてしまうことを助長する，フィクションとしての「ドラマチックな死」があふれている。そこでは，心の痛みや恐さを伴った現実感のある死のイメージが形成されにくく，逆に自己愛的な空想を満足させてしまう自己の死が強くイメージされることで，少しずつ自分を死に追いつめていくといった危険性がある。

2 ── 仮想現実のなかで肥大する未熟な「死の観念」

昨今「仮想現実（ヴァーチャル・リアリティ）」という言葉をよく耳にする。コンピュータ・グラフィックスや音響効果を組み合わせて，人工的につくり出

された仮想的環境から受けるさまざまな感覚の擬似的体験のことであり，対象者がその世界に働きかけることのできる対話性と没入感を特徴とする。

また，小説や映画も視聴覚的没入感や対話性は欠くが，空想が活性化されやすい青少年にとって現実と非現実との境界を曖昧にしやすい要素がある。杉原（2001）も「膨大なテレビやビデオやテレビゲームのなかにどっぷりと浸かって成長した今の若者たちは，ヴァーチャルな世界が異常に膨らんだなかで生活している」と述べており，青少年全般に現実感の低下が進行している可能性がある。

もちろん，仮想現実そのものが「悪」ではないが，ここで体験される「仮想死」は青少年にとって虚実が混同したものであり，死に対する現実感は育まれにくい。テレビゲームのなかの死にしても「キャラクターの退場」（細井，1993）にすぎず，深い悲しみを伴う死ではない。小学生から高校生では空想的自殺や憧れ自殺が多いとされているが（大原ら，1995），仮想現実のなかで心の痛みや恐さが麻痺した死を多く体験してしまうと，死による解放のイメージや憧れがさらに膨らんでいくおそれがある。実際に現実感がなく，結果を深く考えもせず，自己陶酔的に肥大した死の観念を実現させてしまった自殺も少なからず存在すると思われる。大阪の事件にしても「実を虚に従わせようとした」（杉原，2001）印象がある。しかし，ここでの観念には哲学者三木清（1954）が「死は観念である」と述べたような深みはなく，短絡的な思い込みにすぎない。

また，死によって問題を解決しようとする態度の背後には，否定的状況に直面した際の問題解決に用いられる思考の幅の狭さがある。自殺する青少年は「もともと真面目で思い込みやすい」（妙木，1997）傾向があるために，融通が利かず，かたくなになりがちである。さらに，青少年の自殺の背景にうつ病が存在していることが多く，大脳の生理学的異常の影響も無視できない。

しかし，いじめや失恋を苦にした自殺にしても，死が苦悩や思い通りにならない世界から解放されるための「逃げ場」としてイメージされていたり，遺書に自分を苦しめた相手の名前をしるし，「復讐」を果たそうとするかのような事例もみられる。自殺にまで追いつめられたいじめや失恋の耐え難さは否定しないが，他の解決策をよく考えず，死がすぐに苦悩からの解放や復讐の「手段」

に結びつくのであれば，死に対する認識が未熟であるといわざるを得ない。

3 ── 自殺抑止につながらないもろい心の絆

　つらく悲しい出来事に直面したときに「死にたい」と感じる青少年は少なくないが，実際には死を決行しない青少年が大半である。死にたいと思う状況で本当に死に向かう青少年とそうでない青少年では，何が異なるのだろうか。

　自殺の抑止要因のひとつとして「心の絆」とでもいえる他者とのつながりがある。家族や友人の悲しむ姿を想像し，自殺を思いとどまることも多いはずである。それでは，自殺をする青少年には，二度と会えないと思うと悲しくてたまらない人々や自分の死を嘆き悲しむ人々への共感性は存在しないのだろうか。

　自殺研究者の多くが指摘するように，自殺者の心理的特徴は「孤独」であり，「"死にたい"と思う反面，必ず"助けられたい，救って欲しい"と願っている」という（大原ら，1995）。大阪の事件にしても，少年と少女はともに強い孤独感を抱えていたが，互いはそうした「孤独をわかり合える対象」であり，「一緒に死んでもいいと思える関係性」が生じていたことが考えられる。しかし，家族は「2人で一緒に暮らすことを邪魔する存在」でしかなく，もはや愛着や依存欲求（あるいは甘え）を満たしてくれる対象ではなかったものと思われる。

　ただし，これはこの事件に限ったことではなく，青少年の心の危機を抱えることのできる絆がもろい家族が増えているのかもしれない。たとえば，少子化時代における親の「よい子志向」のために，幼少期から「よくできた子」としての期待を一身に受けて育った「よい子」たちは，怒りや悲しみ，寂しさなどの否定的感情を親に知られることは恥や罪悪感を生じさせるために，死にたいほどのつらさを親に打ち明けることができないかもしれない。また，否定的な出来事やそれにまつわる感情を伝えると，家族が過剰に反応するような場合も（たとえば，親のほうが動揺してしまう），青少年は安心して援助を求める経験が得られず，「死にたい思い」などはとても親に伝えることができないだろう。

　さらに，親や友人への信頼感の傷つきをくり返し経験してきた青少年も，危機的状況で周囲の支援を期待できず，「どうせ誰もわかってくれない」という孤独感や絶望感が強まりやすい。あるいは，親からの共感不全（心理的虐待レ

ベルのものもある）によって健康な依存欲求や自尊心が損なわれ，心に深い傷を受け続けてきた青少年は，自分が嫌いで，他者から愛されている実感がもてないために，「死んでも誰も悲しむ人はいない」と感じやすく，自殺以前に家族や友人との心の絆を喪失していることが考えられる。実際に自殺傾向のある子どもは友人が少ないことがいわれており（妙木，1997），家族をはじめ他者との関係性が自殺を抑止する要因になりにくいものと思われる。

　自殺後，周囲は「明るい子で，悩んでいるようには見えなかった」などと言って衝撃を受けるが，本人は長い間，無力感や無価値感を抱えながらも家族や教師，友人にSOSサインを送らず，「普通の子」を装って生きてきたのかもしれない。しかし，そうした偽りの自己に疲れ，生きる価値を見いだせない状況で，なんらかのきっかけから絶望感が高まっても，心の傷つきを癒し，生きていく勇気を与えてくれる対象が心のなかに存在しないのではないかと思われる。

4──インターネットによる危ういつながりと自殺

　家族や他者との関係性が希薄になりがちな社会にあっても，現代の青少年が親密な人間関係を求めていないわけではない。むしろ，潜在的には理解や共感を求める気持ちが強いがゆえに，期待通りにならなかったときの失望感も強いのかもしれない。そのためにインターネットを用いて，相手と直接対面しなくても「自分に都合のよい部分」だけでつながることのできるコミュニケーションが，現代の青少年を中心に受け入れられやすいのも納得がいく。この世界では他者と意気投合できる部分だけでつながることができ，逆に自己を傷つけるようなかかわりは容易に切ることができる。今日の青少年は全般的に対面でのコミュニケーションがへたになりつつあることが指摘されているが，孤独感や死にたい思いを身近な対象に打ち明けられない青少年でも，インターネットは孤独感や絶望感に共感してくれる相手を見つけやすい恰好の道具となる。

　しかし，近年問題となっているインターネット上の「自殺系サイト」では，「自殺掲示板」などによって「一緒に死んでくれる人」が募集され，見知らぬ者どうしが集団自殺を行うといった事態も発生している。もちろん，こうしたサイトで知り合った青少年が互いのつらさを理解し，支え合っていることもあ

る。この場合は「死にたいほどつらい思い」への共感を求めてさまよっている青少年たちが，他者とのつながりを実感できるために，自殺が抑制されているものと思われる。その意味では，インターネット上の自殺願望は「誰でもいいから自分のことをわかってほしい！」という懸命に助けを求める叫びであることも考えられる。したがって，「死にたい」気持ちの背後に「生きたい」気持ちが隠されていることへの「気づき」を促すようなかかわりをもつことができれば，インターネットは自殺防止のための有効な介入手段として期待できそうである。

　しかし，一方で「1人で死ぬのは淋しいから」「相手は誰でもよかった」などと単なる「死出の道づれ」としての関係性しか求めず，「一緒に死ねば恐くない」とばかりに，インターネット上で意気投合するかのように自殺へと加速していく事例もみられる。こうしたサイトでは，話題が死や自殺のことだけに集中しやすいために，ブレーキがかかりにくい。互いの自殺願望に強く同調し合いながら，見知らぬ者どうしが集団で自殺するという事態が流行りつつある。しかし，ここでの関係性には恋人どうしの「心中物語」にみられるような情愛の深さはなく，相手は自分の死にたい気持ちを正当化し，死の恐さや寂しさを紛らわせ，最後の一歩を後押ししてくれる「自分本位の対象」にすぎない。

　また，「自殺系サイト」は自殺や殺人に関する無数のサイト（かなり過激なものもある）にリンクしていることもあり，他者の自殺願望だけではなく，死に対する歪んだ観念や情報に煽動される機会も増えやすい。そのために最初は死ぬつもりはなかったが，くり返しそうしたサイトを訪れるうちに，死に対する現実感が麻痺していき，ついには死の世界に魅入られてしまう危険性もある。

5 ── 青少年に特有の被影響性の強さと自殺の連鎖

　従来から他者の自殺に影響され，後を追うように自殺する現象が注目されてきた。有名人の自殺が大衆に与える影響も大きく，過去にも人気女性アイドルの自殺が報じられた後に，青少年の自殺が急増した（前出の藤村操の自殺後も同所で10人以上が自殺したといわれている）。また，いじめによる自殺が報じられた後にも，同じくいじめを苦にした青少年の自殺が増加する事態がみられるが，これらは青少年の「被影響性の強さ」と関連するものである。

この被影響性の強さは，青少年が発達課題としての自我同一性を十分に確立していないことも関係している。感受性が高く，さまざまな役割実験を行いながら自分らしさを確立していくという意味では，影響の受けやすさは不可欠である。しかし，不景気続きで，悲惨な事件も絶えない今日の社会では，青少年は将来に不安を感じ，自己の不確かさも抱えるなかで，なんらかの挫折や対象喪失を経験し，まさに心が傷ついている状況で自殺事件が報道されると，「自分にとっても死こそが唯一の解決策である」といった考えが頭を離れなくなり，「心理的視野狭窄」（高橋，1999）に陥ってしまうのではないかと思われる。

　こうした自殺の連鎖は「群発自殺」と呼ばれるが，自殺の流行にはマスメディアの影響もあると考えられている（高橋，1999）。高度情報化社会のなかで，われわれはあらゆる情報がマスメディアを通じて受け身的にもたらされることに慣らされているが，自殺に関するセンセーショナルな報道は，自殺者と同じような境遇に苦悩していたり，日ごろから自殺願望を抱えている人々の心に魔術的な影響力をもって投げ込まれ，見知らぬ相手の自殺にも強く同調してしまい，「自分も死ぬしかない！」との確信のなかで自己を死に追いつめていくものと思われる。同一化が過剰な場合には，自殺手段や遺書までが模倣されるという。

　なお，最近ではある音楽グループの解散直後に，ファンであった女子高校生2名が「死ぬ理由もなければ，生きる理由もない」といったメモを残して自殺している。大切な対象の喪失が，「生の放棄」にまでつながるほど影響を受けてしまいやすい「心の守りのもろさ」を抱えた青少年が増えつつあるのだろうか。

6——自己を死に追いつめる青少年に向かい合うために

　飽食の時代，便利さや快適さばかりが追求され，個人は消費するだけの社会では，努力して何かを創造しようとするたくましさは育ちにくい。自ら「生きる意味」を見いだしたり，生と死の葛藤に耐えられるだけの成熟した自我が育ちにくい世の中になってしまったのかもしれない。そして，苦しくなるとすぐに死を考えたり，「思い通りにならない人生には意味がない」とばかりに絶望的・厭世的になり，「自分の命なのだから好きにしても構わない」と「使い捨

て感覚」で簡単に「生」をあきらめてしまう青少年が増加していく恐れもある。

　時代の変化とともに社会のなかの価値観が多様化しても，個人の価値観が多様化するとは限らない。むしろ，現代の青少年には何かと自分の考えだけが正解・真実であるかのような「認知の狭窄」が生じやすくなっている印象がある。「生きることに意味などない」とつぶやく青少年のなかでは，未熟で歪んだ死の観念がかたくなに発展している可能性があり，月並みな人生観や倫理観を説いても言葉に力が入らない。援助者自身が死や生について常に考え続ける姿勢をもっていなければ，「死にたい」気持ちを抱え続けてきた青少年にしっかりと向かい合い，「生きたい」気持ちを呼び戻すことのできる対話はできないだろう。

Column ① 脳のレベルからみた自殺

　自殺のサインにはさまざまなものがあげられているが、現在、脳の画像診断や血液検査によって自殺のリスクが高い人を早期に発見するための研究が進められている。

　アランゴ（Arango, V.）とマン（Mann, J. J.）は、「自殺の神経病理学」を確立すべく、長年にわたって200もの自殺者の脳標本を検討し、そこに共通する神経解剖学的、化学的、あるいは遺伝的変異を見いだそうとしている。そして、特に脳の眼窩（がんか）前頭前野と脳幹背側縫腺核（のうかんはいそくほうせんかく）が注目されている。

　背側縫腺核におけるニューロンは、脳内神経伝達物質セロトニンを生産し、これが前頭前野に運ばれるが、自殺者の脳では十分なセロトニンが送られていないことが明らかになった。前頭前野は行動の判断をくだす機能や衝動を緩和する役割をつかさどっているが、この衝動性に関してセロトニンの働きが大きく関与しており、脳内のセロトニン濃度の低下が抑うつ状態や攻撃行動、衝動的傾向に関係していることがわかっている。そして、うつ病による自殺者の脳では、眼窩前頭前野皮質のニューロンが少なくなっていることが確認されたことから、アランゴは自殺しようとする人の脳では、セロトニン作動系に異常がみられると結論づけている。

　一方、マンらはPET（陽電子放射断層撮影）を利用した検査法によって、うつ病の人たちのなかでも、特にセロトニン回路の異常が多く、自殺の可能性が高い人を発見するための研究を進めている。そして、この検査によっても致死度の高い手段を用いた自殺者は、前頭前野のセロトニン関連活性が低いことが明らかになっている。

　また、パンデイ（Pandey, G. N.）らは、自殺の危険が高い人のセロトニン回路の異常を血液検査で検出できると述べている。自殺を考えた人では血小板がもつセロトニン受容体の数が多い（できるだけ多くのセロトニンを蓄えようとしていることの表れ）ことから、自殺マーカーとしての血小板セロトニン受容体の有用性が注目されている。

　他にもシャウ（Schou, M.）は、自殺防止剤としてリチウムの可能性をあげている。リチウムは気分障害（躁うつ病）の治療でもよく知られているが、彼はうつ病でリチウムを摂取していない人は、摂取している人に比べて3～17倍も自殺が多いことを見いだしている。また、リチウムが自殺行動を6～15倍も減じることを発見している。

　自殺には以上のような生物学的要因だけではなく、心理社会的要因も大いに関与しているが、今後も自殺者の脳を研究していくことで、早期に自殺の危険性の高い人を発見できるのであれば、より多くの尊い命が救われることが期待できそうである。

Column ② 自殺の性差

　一般的に，自殺者は女性よりも男性に多いことが知られている。男女比はアメリカやヨーロッパ諸国，オーストラリアなどでは3～4対1であるが，アジアではこの幅が狭く，日本では1.5対1くらいの割合になっており，他の国々に比べ女性の自殺率が高く，男女差が比較的少ないという特徴が指摘されている（高橋，1997）。

　日本の自殺者数の性差について年齢を追ってみてみると，中高年期以降に男女でピークの傾向が異なってくる。具体的には男性では中高年期に一度ピークを迎えて60代でいったん落ち着いたあと，老年期にもう一度高くなるという傾向があるが，女性では老年期に向かってゆるやかにあがっていくという傾向がある。他の多くの国で女性の自殺率は壮年層で最高値を示し，高齢になると安定していく傾向があるのだが，日本の女性は高齢になるにつれて高くなっていくという特徴がある。また青少年に注目してみても，他の世代同様に男性が多くなっている。戦後には世界的に見ても高い自殺率を示していたが，男女ともに1957～1967年に自殺率を大きく下げ，その後ゆるやかな減少を続けてきた。しかし，現在では再び増加に転じるような動きもあり，突発的な群発自殺なども起きやすい年代でもあるので，楽観できないものと思われる。

　自殺者数に男女差ができる要因としては，男性のほうが経済や社会的地位といった社会的な状況から受けるストレスが大きい，周囲に援助を求めることを潔しとしない，体質的に衝動性をコントロールする能力が低いということや，女性はいわゆる井戸端会議などによって他者とコミュニケーションをとるという文化をもっていて，他者とのつながりを日常的にもてるために孤立化しにくいということなどさまざまな指摘があるものの，どれも完全に自殺者数の性差を説明し得るものではない。

　自殺者数とは対照的に，自殺未遂者数は男性よりも女性のほうが多いことが知られている。自殺未遂については報告されない事例もあり正確な数を把握することは難しいが，自殺既遂者1人あたり未遂者が約10人いるといわれており，10代の未遂者数にいたっては100倍はいるという研究者もいる。一般的にも思春期・青年期といった世代や女性に自殺未遂が多いといわれる。青年の自殺では死にたい気持ちと生きたい気持ちとがアンビバレントになったものが多く，理由や考えが熟す前に行動に走ってしまう衝動的な自殺も多いと思われ（福島，1992），企図やためらいで終わったり致死的な方法をとらなかったりしたということが考えられる。また，女性の自殺未遂については生き残りの確実な手段のものが多くみられ，自殺行為を他人を"操る"手段として用いているという指摘もある（秋山，2002）。

Column ③
自殺の多い季節・時間帯

　自殺の多い季節に関しては，常識的に考えると陰うつな冬季に自殺が多いように思われるが，大原（1965）は統計的な検討を踏まえた上で「（自殺率と）日照時間との関係は…わが国ではそれほど重要な因子で話さそうである」と指摘している。高橋（2001）も1989年から1997年までの月別自殺者数について「わずかに春に多いが，月毎の変化はほとんど認めない」と述べている。竹村と志村（1987）は単科精神病院における自殺者の分析から「8月，1月，4月，5月，10月に自殺者が多く，2月，7月に少ない」とし，「人手の少ない時や勤務交代，病院行事の多い時など看護者の目が希薄化したときに自殺が増加するのではないか」と述べている。すなわち季節の影響というよりも，季節に伴い変化する人間的要因（心理・社会的要因）との関連性を指摘しているのである。

　さて，国立大学保健管理施設協議会メンタルヘルス特別委員会が実施した調査（国立大学88校，大学生412,462人を対象）によれば，2001年度（平成13年度）の死亡学生数は118人で全学生の0.03％（10万人比27）であり，そのうち自殺者は39人（10万人比10）であった（内田，2003）。自殺率自体は前年およびその前の年よりも減少しているものの，1996年度（平成8年度）以降，事故死率より自殺率の方が高い状態が続いている。月別では4月が最も多く，1月，10月，2月，3月と多い傾向にあり，内野（2004）が「学年と学期の始まりや終わりの時期と関連している」と指摘するように，試験や進級，卒業，論文作成，進路選択（就職活動）といった大学生活における現実的課題が，大学生の自殺と密接に関連しているものと考えられる。

　自殺の多い時間帯に関する研究はあまり多くないが，たとえば大原（1965）は「夜間に多く，昼間は少ない」と述べている。また，竹村と志村（1987）によれば，通院患者の自殺は午前0時～午前6時と午後12時～18時の時間帯が最も多く，「患者を取り巻く家族などの目が希薄」なときに「患者を保護する人々の隙をついての自殺」が多いと述べている。

　以上のように，予防の観点から自殺と季節・時間帯との関係を見る場合，その人がおかれている心理社会的な生活環境サイクルとの関連で，それらを理解していくことが重要と思われる。

Column ④

自殺の手段と危険性

　まず既遂に至った自殺の手段であるが，国立大学保健管理施設協議会メンタルヘルス特別委員会が実施した調査（国立大学88校，大学生412,462人を対象）によると，2001年度（平成13年度）の自殺学生数39人のうち，「縊死」が16人（41％），「飛び降り（投身）」が7人（18％）であった（内田，2003）。この2つは既遂に至る自殺手段として例年大きな割合を占めている。

　また，自殺未遂者の数は少なく見積もっても既遂者の数の10倍に上るとされ，自殺未遂者のおよそ10人に1人は将来的に既遂自殺に至るとの指摘もある（高橋，1997）。このことは，たとえ手首を浅く切るとか薬を数錠余分に服用するといった，それ自体では死に直結するとは思われない自傷行為でも，長期的にみれば一般人口よりもはるかに高い自殺率を示すことを意味している。したがって，思春期・青年期に多くみられるリストカットや過量服薬などの自傷行為は，最も重要な自殺の危険因子として深刻に受けとめていく必要がある。

　自殺の手段に関しては，1993年に『完全自殺マニュアル』が出版されて以来，その影響が社会問題となったが，近年ではインターネットの普及に伴って「自殺ほう助サイト」の影響による自殺も増加している。これらのなかには自殺の手段だけでなく，苦痛度や致死度，インパクト，コストなどまで克明に記されているものもあり，死への関心や自殺願望をもつ若者への影響が特に危惧されている（藤田，2004）。

　また，2001年ごろからは「インターネット集団自殺」と呼ばれるケースも急増している。これは見知らぬ若者どうしがネット上で知り合い，睡眠薬，練炭，排気ガスなどを用いて集団自殺を図るものである。彼らは自殺の直前に「ためらい」や「気変わり」が起きぬよう，より確実な方法としてまったくの他人どうしによる集団自殺を選んでいるとされている（藤田，2004）。

　しかし，彼らのなかには，日常で得られぬ他者とのつながりを，せめてネット上で回復したいと強く願いながらアクセスしている者も少なくないと思われる。そうした彼らの思いを周囲の者がどれだけ真摯に受けとめ，理解していけるか，ということのなかに今後の自殺予防の芽が隠されているようにも思われる。

第2章

青少年の自殺の実態とその諸相

第1節

自殺の実態とレベル

1 自殺者数の時代的推移

❶——自殺者数に関する全体の傾向

　警察庁の発表に基づき，図2-1に過去半世紀のわが国の年間自殺者数の推移を示した（警察庁，2003）。1988年から1997年までの10年間には年間平均自殺者数は22,418人であった。

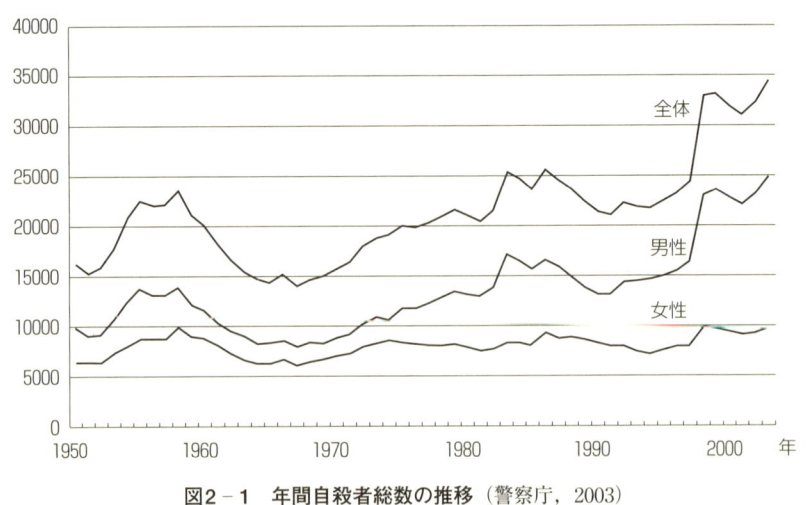

図2-1　年間自殺者総数の推移（警察庁，2003）

ところが，1998年にはその数は一挙に1万人以上も増えて，32,863人になってしまった。それ以来，わが国の年間自殺者数3万人台という深刻な事態が続いている（本論執筆中に入手可能な最新のデータは2003年のものまでであることを断っておく）。

わが国に限らず，自殺未遂者数については，その実態を把握した全国的なデータがないのだが，未遂者は既遂者の少なくとも10倍は存在すると推定されている（20倍という推定すらある）（高橋，1992；1997）。また，未遂あるいは既遂自殺が1件起きると，知人，友人，家族といった強い絆のあった人が最低5人は深い心の傷を負うとも指摘されている。したがって，自殺とは死にゆく3万人だけの問題にとどまらずに，わが国だけでも年間百数十万人のメンタルヘルスを脅かす深刻な問題であるのだ。

さて，長期にわたる不況と中高年の自殺がマスメディアによってさかんに取り上げられた。実際，50歳代の男性の自殺者数が急増し，1997年に3,969人であったのが，1998年には6,103人と，53.8％も増加したのだ。

2 ── 未成年の自殺者数

図2-2には最近の未成年の自殺者数を示した。1990年代末から中年男性の自殺の増加が深刻な社会問題化したのだが，問題はその年代だけにはとどまらなかった。

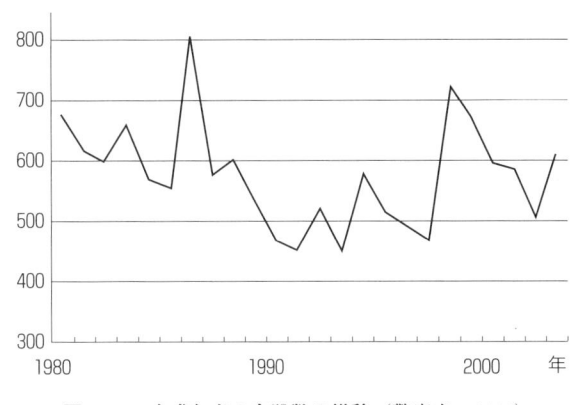

図2-2　未成年者の自殺数の推移（警察庁，2001）

未成年の自殺の増加も深刻であった。1988年から1997年までの10年間には，未成年者の年間平均自殺者数は508人だった。ところが，未成年者の自殺も1998年には前年比53.5％も増加したのだ。
　しかし，これほど深刻な事態であるにもかかわらず，「不況」「中高年」「自殺」の見出しは紙面を賑わせたとはいえ，青少年の自殺についてはマスメディアは中高年の自殺ほど大きく取り上げなかった。
　青少年期に心の問題を抱え，適切な手立てが取られないままであると，後年，さまざまなメンタルヘルス上の問題を生じかねない。その問題のなかでも最も深刻なものは自殺行動である。幸い，生命を失うことがなかったとしても，自殺未遂のあった青少年に適切な対応をしておかないと，将来，同様の行動をくり返し，結局は自殺が生じてしまう危険性を高めてしまう（高橋，2002）。

３──群発自殺

　前項で，1998年に全年齢の自殺数が急増したのとほぼ並行して，未成年者の自殺数も急増していたことを指摘した。さて，図2-2を見ると，それ以前にも1986年の未成年者の自殺者数が突出していることに気づくだろう。その数を見ると，1985年は557件，1986年は802件，1987年は577件であり，1986年の未成年者の自殺数はその前後の年に比べて約4割増加していた。
　この年には，青少年の自殺を考えるうえで重要な出来事が生じていたのだ。
　青少年の自殺が連鎖的に何件も続けて起きて，世間の注目を集めることがある。この現象は群発自殺（cluster suicide）と呼ばれている（高橋，2002；2004）。
　群発自殺の例は古今東西に認められる。ゲーテ（Goethe, J. W.）は1774年に『若きウェルテルの悩み』を発表し，主人公の自殺を描写した。その後，主人公と同じ服装をして，銃という同じ方法を用いて自殺する若者がヨーロッパ各国で相次いだ。そのため一時この本の出版を禁止した国も出たほどである。この事件にちなんで群発自殺は「ウェルテル効果」と呼ばれることもある。
　最近では1980年代にアメリカ合衆国の各地で若者の群発自殺が頻発し，学校で自殺予防教育を始めるきっかけにもなった。
　群発自殺は日本でも昔から認められるが，広く知られた最近の例では，

1986年初頭に「いじめ」を苦にして自殺したとされる中学生の例が大々的に報道された後，全国で同年代の多くの青少年が自殺した。また，同年4月には女性アイドル歌手が自殺し，その後の2週間に30数名もの後追い自殺者を出し，影響は1年以上も続いた。

群発自殺は青少年の自殺の1～5％を占めるという報告がある。群発自殺には，①ある人物の自殺の後に複数の人々の自殺が連鎖的に生ずるものから，②複数の人々がほぼ同時に自殺すること（集団自殺），③互いに関係をもたない複数の人々が特定の場所で自殺すること（自殺名所での自殺）まで含まれる。①が典型的な群発自殺だが，この言葉はじつに幅広く用いられている。

典型的な群発自殺には，自殺のピークが2つある。最初に，ある人の自殺，自殺未遂，事故死などが生じる。その死の事実を知ったり，噂などから感づいた友人，同級生，恋人に，第一波の一連の自殺行動が起きる。最初の犠牲者と同様の自殺手段を用いる傾向も高い。たとえば，最初の人がビルから飛び降りて自殺すると，それに続く人たちも飛び降り自殺をする傾向が強い。また，ある特定の同じ場所で次々に何人もの人が自殺する傾向もある。

最初の犠牲者との関係が深かった場合には，突然の死，それも自らの手で死を選んだという事実は遺された人がその死を乗り越えていくことを困難にし，自責感を高め自殺の危険も増してしまう。

そして，この段階で他にも数例の自殺行動が生ずると，マスメディアの格好の報道対象となってしまいかねない。高度に情報化された現代社会では，群発自殺に及ぼすマスメディアの影響を無視できない。また，最初に亡くなった人が影響力の強い人物であればあるほど，群発自殺が生じる危険性は高くなってしまう。

この一連の自殺が，誇張，美化，単純な一般化などを伴って，過剰に報道され，全国的に流される。被暗示性や共感性が重要な役割を果たし，報道が頻回にくり返されるほど，群発自殺が拡大していく準備状態が整ってくる。

この段階までくると，最初の犠牲者や第一波の群発自殺のエピソードで自殺行動を呈した人々とは直接の交流はないのに，同じような年ごろで，同じような問題を抱えた人々の間に第二波の自殺行動が生じ始める。もともと自殺の危険をはらんだ人にとって初期に起きた自殺行動が一種のモデルとなり，病的同

一化が進んでしまうのだ。第二波の群発自殺にまで至ると，もはや，小さな地域をはるかに越えた疫病の様相さえ呈してくる。

なお，アイドル歌手が自殺した後に生じた群発自殺のように大規模なものはたしかに稀であるのだが，小さな地域や学校で群発自殺が起きることはけっしてめずらしいことではない。地域や学校で数か月の間に数例の自殺が立て続けに起きたというのはけっして稀な現象ではない。

したがって，自殺を1例も出さないことに全力を尽くすのは当然であるが，もしも，不幸にして自殺が起きてしまったら，2例目，3例目の犠牲者を出さないようにする努力も怠ってはならない点について注意を喚起しておく（高橋，1998；1999；2004）。

2　自殺の兆候

青少年の自殺が生じると，最近では「いじめ自殺」とひと括りにされる傾向がある。もちろん，「いじめ」が深刻な問題であることに異論を挟むつもりはない。たしかに，凄惨ないじめが直接の原因となって自殺が起きた例もある。そのような例では，刑事責任さえ追及すべきだろう。しかし，多くの場合，いじめなどのストレッサー以外にも，問題を抱えた時に解決の幅が狭い性格傾向，精神疾患，重要な絆があった他者の自殺の経験，衝動性といったさまざまな要因が複雑に関連して，自殺が生じている。1つの要素だけを取り上げても，自殺を正しく理解できないし，また，予防にもつながらない。

それでは，具体的に自殺の危険が迫る青少年にはどのような特徴があるだろうか？　一般的には表2-1にあげたような自殺の危険因子がある（高橋，1992；1999；2002）。そのなかでも，青少年の自殺に特に関連した重要な項目を簡略に解説する。

自殺未遂歴：希死念慮や自殺未遂は青少年の発する救いを求める叫びととらえて，真剣に扱う（高橋，1997a；1997b）。自殺未遂は他のどの因子よりも，将来の既遂自殺につながる危険を示している。たとえ，手首を浅く切る，薬を少し余分にのむといった，客観的には死ぬ可能性が低い自殺未遂であっても，自分のとった行動がどのような結果をもたらすと青少年自身が考えていたかを

表2-1 自殺の危険因子（高橋, 2002）

1)	自殺未遂歴	自殺未遂の状況, 方法, 意図, 周囲からの反応などを検討する
2)	精神疾患の既往	気分障害, 統合失調症, 人格障害, アルコール依存症, 薬物依存
3)	サポートの欠如	頻回の転居や転校, 親の別居や離婚, 崩壊家庭
4)	性別	自殺既遂者： 男＞女　　自殺未遂者： 女＜男
5)	喪失体験	病気や怪我, 学業不振, 予想外の失敗, 友人との仲違いなど
6)	事故傾性	事故を防ぐのに必要な措置を不注意にも取らない 慢性疾患に対する予防や医学的な助言を無視する
7)	独特の性格傾向	未熟・依存的, 衝動的, 完全主義的, 孤立・抑うつ的, 反社会的
8)	他者の死の影響	精神的に重要なつながりのあった人が突然不幸な形で死亡していないか
9)	虐待の経験	虐待の経験のある子供に自己破壊傾向が高まる場合があるし, 成長した後に自殺の危険が高まる場合もある

知ることが重要である。

なお,「死ぬ, 死ぬ」と言う人は実際には死なないと広く信じられているが, 誤解である。「この人ならば自分の絶望的な気持ちを受けとめてくれるはずだ」との思いから打ち明けているのであるから, 自殺願望を打ち明けられた人は, それを真剣に受けとめてほしい。話をそらす, 叱る, 安易な励ましをする, 世間的な常識を押しつけるといったことは禁物である。訴えに真剣に傾聴するならば, 自殺について話すことは危険ではないし, 自殺予防の第一歩になる。

精神疾患の既往：思春期以後では, 各種の精神疾患が生じ, 自殺と密接に関連している。たとえば, 気分障害（躁うつ病）, 統合失調症, 薬物乱用, 人格障害などである。紙幅の関係でここではうつ病を取り上げておく。成人と同様のうつ病の症状が青少年にも生じ得る。興味や喜びの喪失, 精神運動制止, 抑うつ気分, 不安・焦燥感, 症状の日内変動, 不眠, 食欲不振や体重の減少などを青少年のうつ病患者にも認める。さらに, 青少年の場合, このような典型的なうつ病の症状を訴えずに, さまざまな身体症状が目立つ例や, 学業不振, 怠学, 反抗, 非行, ケンカ, 家出などの問題行動が顕著な例もある（高橋, 1999）。

家庭環境：親の病気, 別居, 離婚, 死別といった家庭内の問題を抱えている

場合，それを青少年がどうとらえているか把握しておく。家庭内に生じた問題を自分と結びつけて，深刻に悩んでいる場合もある（Pfeffer, 1986；Richman, 1986；Sabbath, 1969）。たとえば「私がよい子にしていなかったから，お父さんとお母さんが離婚する」などと理解し，自責的になっている青少年もいる。また，心理的に重要な役割を果たしていた家族の誰かが死亡（病死，事故死，自殺）したかどうか，そして青少年がそれにどう反応したかも理解しておく。性的あるいは肉体的な虐待を経験したことも，後年の自殺衝動に直結しかねない。そのような体験のために，自尊心が健全に発達せず，自分は生きるに値しない人間だと深く思い込んでいることがある。

性格：抑うつに傾きやすかったり，明らかに精神病症状を呈している青少年は，危険群である。孤立しがちで，自己主張に乏しい。自尊心が低い。家庭内に問題が多く，ささいな出来事で容易に抑うつ的になるといった青少年である。

外見上は適応もよく成績も優秀だが，完全主義的で，わずかな失敗を取り返しのつかない大失敗ととらえてしまう，極端に強迫的な子どもも危険である。能力以上の努力をすることで，不全感を代償し，親の愛情をつなぎ止めておこうとしているため，ささいな失敗が脆弱な自尊心の破綻へとつながりかねない。

対照的に，反社会的行為のために問題児として扱われているが，じつは背景に抑うつ症状を呈している一群の青少年がいる（Maltsberger, 1986）。仲間との反社会的な同一性を保つことで，脆弱な自我の崩壊から身を守っているが，グループから追放されたり，グループ自体が崩壊するような場面で，突然，自己破壊傾向が表面化することがある。

事故傾性（accident proneness）：自殺はある日突然，何の前触れもなく起きるというよりは，さまざまな自己破壊傾向がしばしば自殺に先行して認められる。一歩まちがえれば，生命を失いかねない危険な行動を青少年がとりだしたら，それを無意識的な自己破壊傾向とみなさなければならない（高橋, 1999；2002）。これまでにも多くの事故を認めたり，事故を防ぐのに必要な年齢相応の措置をとらなかったり，あるいは慢性疾患に対して医学的な指示を無視するといった青少年は，自己破壊の観点から検討する。

各種の喪失体験：両親の離婚，失業，家族や本人の病気や怪我，近親者や友人の死亡，転居，転校，友達からの疎外などの体験を，青少年自身がどうとら

えているかが重要である。大人の目から見れば，ささいなことをひどく気にしているように見えるかもしれないが，あくまでも本人がどのように事態をとらえているか検討することが重要である。特に青少年の場合，他者の自殺が他の複数の自殺を引き起こす，群発自殺という現象が知られている点についても注意を喚起しておく（高橋，1998）。

以上のような危険因子を多く満たす例ほど一般に自殺の危険性が高い。青少年にもわかりやすい言葉を用いて質問するとともに，親や教師からも情報を得て，自殺の危険を判断する。

3　自殺の危険の段階

「自殺」は，突然生じるように見えることもあるが，通常，そこには何らかのプロセスが存在し，それらの段階を経ることによって，行動として出現するものである。ここでは，そのような自殺の危険の段階の概要について紹介することにより，自殺に至る心理の一端を解明したいと思う。

自殺へと至る過程（段階）は，上里（1980）をまとめると，①自殺への前駆段階（自殺念慮，自殺への動機づけ），②自殺への動機結実段階（両向的，決意）の2段階に，また，西平（1979）をまとめると，①孤立無援の状態（段階），②自殺遂行への強化段階の2段階に整理することができるであろう。

ここでは，西平に基づいて，自殺の危険の段階の概要について検討することとする。

1──孤立無援の段階

自ら望まないまま，対人関係において孤立状態に陥ると，それが自殺への引き金になってしまうことがある。たとえば，いじめや，これまでうまくいっていた友人との関係に挫折したり，周囲との人間関係が順調に進まなくなって孤立したりする場合，その人の性格も関連するが，うつ状態に陥り，自殺への危険が生じる可能性がある。

また，うつ状態との関連でいえば，失恋経験や，自分にとって大切な人の病

気や死などもきっかけとなり得る。うつ状態に陥ると，自己卑下や劣等感，罪責感などが顕著になるが，それが，次の「強化段階」への進行を促進することがある。さらに，成績が思うようにならなかったり，受験に失敗したりした場合，転校や離職等の場合，周囲から適切な援助が得られないと，うつ状態に至ってしまうことがある。精神障害やそれ以外の疾病などをわずらって，その苦しさに耐えきれず，つらい状態に陥ってしまうこともある。

　以上のように，周囲の人間関係や社会などから，物理的・心理的に孤立してしまい，うつ状態や無力状態に陥った場合，それを自らが克服することができなかったり，周囲のサポートが得られないと，「自殺」への入り口に立ってしまうことになる。

2──自殺遂行への強化段階

　孤立無援の段階に長期間とどまってしまったり，その程度がはなはだしい場合には，次の「強化段階」へと進んでしまう可能性がある。

　「強化段階」に至る経路には，自殺を促進する要因との出会いや，社会・文化的な背景が関係している場合がある。たとえば，憧れているスターの自殺や，マスコミ等での「死」に対する同情的な報道，最近でいうならば，ネット上での類似の人との遭遇なども，その要因となり得る。また，宗教的禁止の強い欧米のカトリック諸国とは異なり，わが国では，自殺や死をやや美化する傾向もあり，それも促進要因として作用してしまう可能性がある。しかしながら，そこにおいては，同時に「自殺回避の試み」も必ず行われる。どのような状況下においても，ただちに「自殺」決行ということにはならない。そこには，必ず生に対する葛藤が存在し，いわば本能的に生きるためにさまざまなサインを発するのが普通である。たとえば，非行や家出，ひきこもりという形をとったり，食欲不振や不眠などの心身症的な症状を表出する場合がある。

　このようなサインに周囲の人が気づかずにいたり，それを無視するような行動や，逆に「がんばれ」というような形での，不用意な激励などがくり返されると，さらに「絶望感」を強め，自殺遂行へと至ってしまう可能性がある。その場合，あてつけで自殺を遂行することもある。

　強化段階が高じることにより，いよいよ自殺を決行する危険性が高まってく

る。しかし、ここに至っても、「生へのかすかな希望」が見え隠れし、計画をほのめかしたり、自殺の手段として決定的でないものを選択したりする（自殺未遂）こともある。そして、このような「かすかな生への希望」さえ理解してもらえないという状況に追いつめられると、既遂や再度の決行ということになりかねない。

　ただ、「自殺遂行への強化段階」と実際の「自殺の遂行」との間の距離は、当然、それほど小さいものではない。「自殺の遂行」には、やはり格段に大きなエネルギー（攻撃衝動）が必要であり、それが生じない限り、自殺の決行に至ることはない。

　自殺のプロセスには、どのような場合でも、「死にたい」という欲求と、「生きたい」という欲求の葛藤が展開されている。援助する側は、このメカニズムを知ることによって、適切かつ賢い対応を考え、自らかけがえのない命を断とうとする人々に救いの手を差し伸べてほしいものである。

3──突然の自殺

　上記のように、「自殺」には何らかのプロセス（段階）が存在するのが通常であるが、人間関係形成能力や欲求不満耐性の劣る現代の青少年に関していえば、ちょっとした人間関係のもつれや、自己の思いやわがままが通らないというようないわば単純な動機で、突然、「自殺」という決定的な手段を選ぶことがあっても、何ら不思議ではないようにも思われる。心理的に未熟なままに、過激なテレビゲームやビデオに接するというようなことも、これを促進させる面があると考えられる。

　いかなる場合であっても、「自殺」や「攻撃」に頼るのは、やはり人間として「未熟」な証拠である。人間は、誰一人同じ人はいないわけで、だからこそ他者はもちろんのこと、自分に対しても、かけがえのない大切な人生を歩んでいるという認識が重要となる。どの命もおろそかにすることはできない。これは、当然、「アイデンティティ」の成熟とも相通じるものがある。しかるに、人間関係やさまざまな課題を、わがままで通していこうとすることは、それと真っ向から対立するし、これを性急な「自殺」や「攻撃」で完結させようとすることは、成熟した人間にはありえない話なのである。

しかし，現代にあっては，幼少期からの対人関係がかなり希薄で，かつ少子化傾向も著しいことから，対人関係のトラブルや我慢をするということに慣れておらず，これが突然の自殺と深く関係しているように感じられてならない。ただし，このような「突然の自殺」というような場合にも，程度の差こそあれ，必ず「生」への葛藤があり，周囲の者にとっては，通常の自殺と同様に，そのサインを受けとめることができるかどうかということが最も重要な点となる。

4──おわりに

人間関係が希薄になっている現代社会は，「自殺」をしようとする人を救うという観点からすれば，必ずしも成熟した状況にあるとはいいがたい。もちろん，過度のおせっかいは禁物であるが，もっとすべての人が周囲の人々への関心を増加させていくことができなければ，このような人を救うことは難しいであろう。こうすることによって，「孤立無援の段階」に至らずにすむ場合もあるし，たとえ，何らかの事情で「孤立無援の段階」に至ったとしても，それを増幅させないようなサポートが得られることによって，自殺への危険性は，格段に減少していくと考えられるからである。

Column ⑤ 青年期の死生観

　青少年による凶悪な事件が続発することに伴い，彼らの死に対する意識が常識では考えられないものに変化しているのではないか，とさまざまな方面から指摘されている。急速な経済成長の代償として，心が育たないままの青少年が多いといわれるなかで，その死生観は混沌とし，多様化していることが予想されるが，実際のところ，現代青年の死生観にはどのような特徴があるのだろうか。三好（1999）は18～25歳の大学生約350人を対象に死生観の調査を実施し，その結果大きく3つに分類されることが明らかになった。

　死に対して恐怖を感じ，それを避けようとする「死の拒否群」に分類されたのは全体の約40％であった。死という不可避な現象に対する恐怖は，多かれ少なかれ誰もが抱いている感情であることが理解できるし，だからこそそれを避けたいと思う気持ちも当然である。このグループに分類された者は輪廻転生の考えをもつ傾向があるという，一見矛盾しているような結果も得られたが，「死んでも魂だけはあの世で生き続ける」「死は来世への移行期間だ」との考えをもつことで，死の恐怖に押しつぶされず，心の安定を得ようとしていると解釈することができる。一方，死を自分の問題として受けとめ，生の有限性にも目を向け，それらを統合して自分自身の生き方を考えようとする「生と死の統合群」は約40％を占めていた。このグループは，アイデンティティを確立しようとしている青年期において，ごく自然で健全な死生観をもっているといってよいと思う。残り20％は「無関心群」に分類され，この年齢までに，死に関する自分なりの考えをもたない若者が，意外に多いことが明らかになった。物質的に豊かになり，世の中には娯楽があふれ，特に死の問題など考えなくても毎日を楽しく生きることのできる，そんな時世を反映した結果だろうか。彼らに対して，インタビュー調査を実施したところ「死について考えても仕方ない」「別に考えなくても生きていける」と述べており，今を楽しく生きればそれでいいという刹那主義的な考え方でも，現代を生きぬくことは容易であることがうかがわれる。しかし，本当にそれでいいのであろうか。

　誰にでもいつかは訪れる死について意識するとき，命は限りあるものであることに気づかされる。それをいかに有意義に自分らしく生きぬくかということは，青年期において避けては通れない重大なテーマである。そうしたことから考えても，死に対して無関心な若者は気になる存在である。死に対して無関心ということは，生に対しても無関心であることが予想される。それゆえに生と死の境界があいまいで，いとも簡単に一線を越えるような気がして，とても危うい感じがする。

Column ⑥

中高年の自殺

　警察庁の全国統計によると、1998年の自殺者総数は前年に比べて一挙に1万人以上も増加し、それ以来3万人以上が自殺している。2003年中は、統計史上最悪の34,427人に達し、年齢別では50代以上の中高年が約60％を占めていた。

　世界でも自殺は深刻な社会問題となっている。世界保健機構（WHO）の推定によると、世界では年間100万人が自らの命を絶っている。ところが、わが国のように働き盛りの世代の自殺が急激に増加したのは世界でもあまり例がない。マスメディアは、長引く不況、リストラ、過労や企業内いじめによる勤労苦などを自殺の原因として取り上げてきた。しかし、それだけでこの現象の説明がつくのだろうか。

　まず、中高年の自殺が急増した背景として、中年危機（mid-life crisis）について考える必要がある。河合（1976）は、人生の軌跡を太陽の運行になぞらえて、「中年とは上昇してきた太陽がこれから下降に向かう時点である」という。「下降することによって充足するというパラドックスを生きるための出発点」が中年期の始まりであり、現実にはさまざまな試練を伴い大きな危機をはらんでいる。その危機を乗り越えるためには、十分な自我の統合とアイデンティティの確立が求められる（杉原、2001）。

　こうした危機的な年代を直撃したのが、長引く不況である。組織に自己を同一化させる今の40〜50歳代の人々にとって、リストラの対象になることは、自己の存在価値を完全に否定されてしまうのと同義であるかもしれない。中高年の自殺は、今までの自我やアイデンティティでは課題に対処しきれなかった場合に起きやすいともいえる。

　さらに、核家族化、都市化、個人主義化している現代社会において、個人をサポートする地域のシステムが減少した。精神科医療も十分に機能しているとはいえない。自殺の背景には何らかの心の問題（特に中高年ではうつ病）が絡んでいる場合が多いが、多数の人が適切な治療を受けずに自殺を選択しているのである（高橋、2003）。

　1990年代末に中高年の自殺が急増した事態を深刻に受けとめて、厚生労働省は「職場における自殺の予防と対策」という小冊子をまとめた。高橋（2001）は、そのなかで自殺予防について以下の点に注意を促している。①うつ病の症状や原因不明の身体の不調、②飲酒量の増加、③自己の安全や健康が保たれているか、④仕事の負担はどうか、⑤職場や家庭からのサポートが得られるか。また、重症の身体の病気にかかったときや、自殺を口にしたり自殺未遂におよんだときは、危険性が高い。

　中高年の自殺によって、遺された人も深い心の傷を負う。自責の念にかられたり、二次的トラウマに苦しむこともある。遺族の心のケアや対策の強化が求められている。

Column ⑦
高齢者の自殺——喪失や病苦，孤独を苦にしての自殺について——

　一般に，自殺による死亡は高齢になるほど高率であるといわれている。警察白書平成15年版（警察庁，2003）の年齢層別自殺者数の統計を見ると，平成14年度のわが国の総自殺者数32,143名中，60歳以上の自殺者は11,119名であった。すなわち，自殺者のほぼ1/3を高齢者が占めているのである。さらに深刻なのは，すでに現在も高い自殺率を示している50歳代の人々が，10〜20年後には高齢期を迎えることであるという（高橋，2001）。このように，高齢者の自殺予防は危急の課題である。

　わが国の高齢者の自殺には，どのような特徴がみられるのだろうか。高橋と佐藤（1999）によると，高齢者の自殺の特徴は次のように整理される。①自殺動機は病苦が突出している。②高齢期の自殺者の約8割から9割に精神障害が認められる。特にうつ病・うつ状態の占める割合が大きい。③自殺直前に何らかの身体症状を訴えて，精神科ではなく一般医を受診している率が高い。④死への意志が固く，致死性の高い手段で自殺を図る傾向があり，既遂の可能性が高い。

　なお，自殺動機に多い「病苦」は，実際には致命的な疾患であることは少なく，ほとんどが家族のあたたかい介助により治せるものであり，むしろ真の動機は家庭内の問題にあるという指摘もある（上野ら，1981）。そのため，家族・隣人のコミュニケーション的介入によって希死念慮のリスクを低減できるのではないかと考えられている（長谷屋，2004）。また，自殺とうつ病との関連から，自殺予防にはうつ病の早期診断・治療が不可欠である。身体症状を訴えての一般医の受診が多いことから，一般医に対する高齢者の精神障害についての教育が肝要となろう（高橋，1995）。

　さらに，個別的な自殺予防介入のためには，自殺危険性の評価が必要となる。高齢者自殺のリスクファクターに関する先行研究から大山（2003）が作成した，評価面接における自殺の危険を示す所見を以下に示すので，参考にされたい。

　①うつ状態の存在，特に不安や焦燥感を伴うもの。②自殺観念の存在，また面接時，自殺をほのめかす言動がみられること。③アルコール依存症やパニック障害の併存。④衝動性行為の頻発。⑤認知機能の低下。⑥精神障害の既往，特にうつ病。⑦自殺企図の既往。⑧配偶者など近親者との死別。⑨身体機能，特に下肢機能の喪失。⑩最近の受診歴，特に退院直後の事例。また，自殺の切迫性を示唆する所見として，自殺の具体的計画，自殺の予行，自殺を明白に表出している場合，自殺を強要する命令性幻聴の存在があげられている。さらに落胆，絶望感または極端な悲観を認める場合や，衝動コントロールが低下している場合にも，自殺が切迫していることがあるという。

第2節

自殺の諸相

1 いじめと自殺

　1986年2月1日，東京都中野区内の当時中学2年生のS君が，JR駅構内のトイレで首を吊って自殺した。「このままじゃ『生きジゴク』になっちゃうよ」と書かれた彼の遺書（部分）から，自殺は当初よりいじめがその原因と考えられた。その後，教師も関与していた「葬式ごっこ」など，彼に対するさまざまないじめの実態がしだいに明らかになっていった。

　この事件はマスコミでも大きく取り上げられ，いじめが時には被害者の自殺にまでつながる重大な問題であることを世間に強く印象づけた。しかし，S君の自殺以降も，いじめによる自殺がなくなったわけではない。

1──いじめ自殺の実態

　表2-2および図2-3は，平成6年度から平成14年度の，いじめと子どもの自殺に関する統計を示したものである。文部科学省（以下，文科省）のデータによれば，平成7年度以降いじめの発生件数は徐々に低下している。それにつれて，いじめによる自殺者数も下降線をたどり，平成11年度以降は0名となっている。そして，新聞報道によるいじめ自殺者数を見てみると，文科省の報告と同様全体的には下降傾向を示している。しかしながら，その人数は常に文科省の報告数を上回っており，最大で14件（平成10年度），最小でも1件のずれがあることがわかる。

表2-2 いじめ自殺に関する統計 (文部科学省, 2003;武田, 2004より作成)

	年度（平成）	6	7	8	9	10	11	12	13	14
文部科学省統計	いじめ発生件数（件）	56,601	60,096	51,544	42,790	36,396	31,359	30,918	25,037	22,205
	いじめによる自殺者数（人）	5	6	2	1	1	0	0	0	0
新聞報道されたいじめ自殺者数（人）		16	16	12	10	15	8	8	1	1

※平成6年度以前は，調査方法や期間の区切り方が異なっているため，割愛した。
※「新聞報道されたいじめ自殺者数」は武田（2004）に，それ以外のデータは文部科学省による。

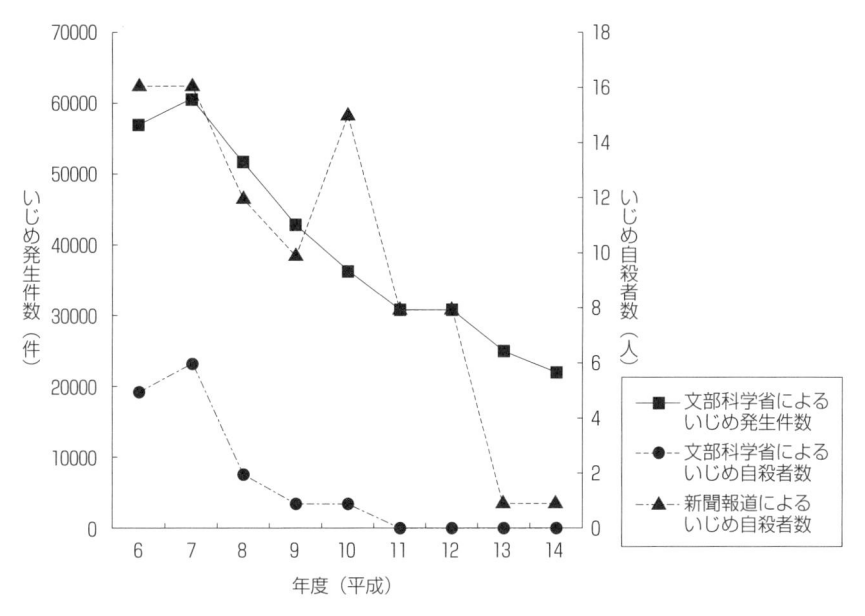

図2-3 いじめ発生件数といじめによる自殺者数の推移
（文部科学省, 2003；武田, 2004より作成）

　このずれの理由の1つは，文科省のデータが公立小・中・高等学校の調査の結果に限られていることによる。つまり，私立学校でいじめ自殺が起こった場合，新聞はそれを報道しても，文科省の統計数値としてはカウントされないのである。

　もう1つのずれの理由は，「いじめによる自殺」であるとの同定がどのようになされているのかということにあるように思われる。この点について，文科省が児童生徒の自殺原因を分類集計したものを，表2-3と図2-4に示した

表2-3　自殺の原因別状況（文部科学省，2003）

区分		平成13年度		平成14年度	
		実数（人）	割合（%）	実数（人）	割合（%）
家庭事情	家庭不和	4	3.0	2	1.6
	父母等のしっ責	7	5.2	7	5.7
	貧困	0	0.0	0	0.0
	その他	6	4.5	6	4.9
	小計	17	12.7	15	12.2
学校問題	学業不振	1	0.7	1	0.8
	進路問題	3	2.2	2	1.6
	教師のしっ責	0	0.0	0	0.0
	友人との不和	1	0.7	3	2.4
	いじめ	0	0.0	0	0.0
	その他	3	2.2	2	1.6
	小計	8	6.0	8	6.5
	病気等による悲観	5	3.7	5	4.1
	厭世	10	7.5	5	4.1
	異性問題	4	3.0	6	4.9
	精神障害	11	8.2	11	8.9
	その他	79	59.0	73	59.3
	計	134	100.0	123	100.0

（平成13，14年度データ）。これら図表を見て気づくのが，自殺原因の半数以上が「その他」によって占められていることであろう。この「その他」にどのような事例が含まれているのかは明らかでない。しかし，文科省による自殺原因の同定は，表2-3のカテゴリーのうち1つを主たる原因として選択するかたちになっている。したがって，自殺の要因が複数考えられ，それらのうちどれが主要な原因かを判断しにくい場合には，たとえそのなかにいじめが含まれていたとしても「その他」として分類されていることが推定されるのである。同様に，統計上は他のカテゴリーに計上されている事例のなかにも，遠因としていじめが関与していた事例が含まれている可能性も考えられる。

　こうしたことについて武田（2004）も，「いじめ自殺も，多くのいじめが原因と思われる子どもたちの死が，『いじめが理由の自殺』にはカウントされず，『その他』に分類されている。『いじめられている』との遺書があってさえ，本

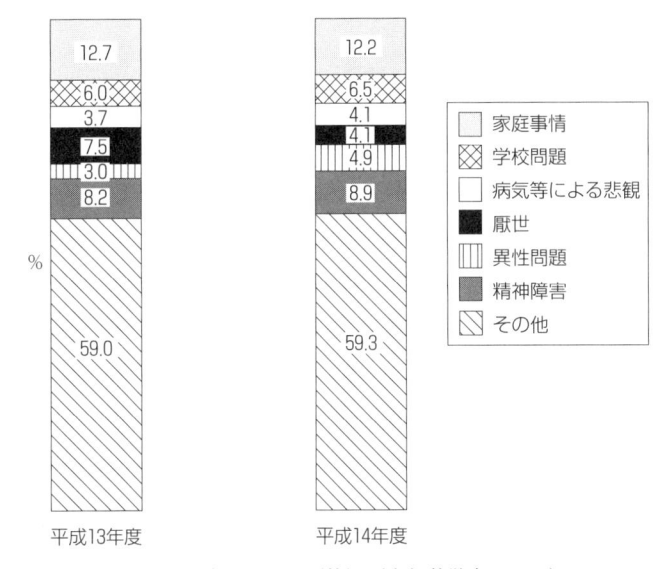

図2-4 自殺の原因別状況 (文部科学省, 2003)

人の性格，家庭の問題，その他もろもろの理由が考えられ，一つには限定できないとして，『いじめ』からはずされる」と述べ，文科省の統計データに疑問を呈している。

　以上のことを考え合わせると，いじめが原因となって自殺した子どもの数が減少しているとは，必ずしもいえないように思われる。それが実際にどの程度の人数であるのかは明らかではない。しかしながら，小・中・高校生の場合，対人関係全体のなかで学校での対人関係や友人との関係が占める割合は非常に大きなものであろう。他の選択肢の少ない限られた対人関係のなかでいじめが行われたとき，その影響は大人が考える以上に深刻なものとなる。したがって，遠因となっている場合まで含めて考えれば，子どもの自殺の相当数にいじめが関与していると想像することは，あながち的はずれでもないように思われる。

2 ── いじめによる自殺の特徴

　いじめは，その被害者の心身に深刻な苦痛を与えるが，特にその心理的な影響は，①対人関係からの切断，②安全感の喪失，③無力感の増大，④自尊心の

低下, という4点にまとめることができると思われる。

　①対人関係からの切断：いじめの場における「観衆」（おもしろがって見ている者）や「傍観者」（見て見ぬふりをする者）（森田・清水，1986）には，いつ自分が被害者の立場になるかもしれないという潜在的な不安があり，それを避けるために被害者とかかわりをもつことを回避しようとする。そのため被害者は，いじめが行われる場（学校など）における対人関係から切断されてしまう。

　また被害者は，教師や保護者といった大人との関係も切断される。教師に訴えることは，「チクった」としていっそうのいじめを招く可能性があるため難しい場合が多い。また，たとえ相談しても，教師が適切な対処をすることができなければ，被害者は適切な依存や信頼を向けることができなくなる。

　保護者からの切断は，「親に心配をかけたくない」という動機から生じる場合もあれば，「いじめぐらい乗り越えろ」といった叱責をされることに対する恐れから生じるときもある。また，金銭を加害者から要求されている場合，被害者は保護者のお金を無断でもち出すことも少なくない。もし被害者がそのような行為をさせられていると，保護者へ相談することはいっそう難しくなるだろう。

　このようにして生じる対人関係からの切断は，他者に受け容れられているという感覚を被害者から奪い，強い孤立感を抱かせる。

　②安全感の喪失：被害者は，身体的，心理的攻撃をいつ受けるかわからないという状況に常にさらされ，安全感を感じることができにくくなる。同時に，前述の切断によって，守りや保護を受けられるという期待も奪われてしまう。

　③無力感の増大：多くの場合，いじめを被害者ひとりの力で解決することは難しい。現在の状況に対処することができないという事態は，被害者に大きな無力感を引き起こす。また，反撃や大人への相談といった何らかのアクションを被害者が起こしたとしても，それが失敗に終わった場合には，無力感はいっそう増大するだろう。さらに，「パシリ」にさせられたり意に沿わない行為をさせられたりなど，自己の欲求や意志に基づいて行動を決定することを阻害し，無力感を抱かせる内容が，個々のいじめ行為のなかに含まれていることも多い。

　④自尊心の低下：これまで述べてきたような影響は，「自分は他者に相手に

されない人間である」「自分はいじめにおびえるしかできない弱い人間である」「自分は加害者のいうがままになるしかない」といった思考につながり，最終的には自尊心の低下を引き起こす。また，低下した自尊心の回復を図ろうとしても，他者からの受容もなく，自己決定もできない状況では，非常に困難なことであると思われる。

　以上のことはつまり，いじめは被害者の人間存在そのものを否定し，危機にさらす事態であることを示しているといえるだろう。自殺は，こうした危機的な状態を終息させる手段，自己の存在を否定する状況から逃れる手段，そして最後に自尊心を守り，あるいは回復させる手段として遂行されると考えられるのである。また，少なからぬ事例において，加害者を中心とした他者に対しての復讐の意味が，自殺に込められていることが認められる。これもまた，否定され続けてきた自分の存在の意味を回復するための最後の手段として理解されるだろう。

3──子どもの自殺に対する保護者や学校関係者の反応

　子どもがいじめによって自殺に至ってしまった場合，自分の子どもがいじめられていたことを知っていたか知らないか，あるいはそれを知った上でいじめを解決するために何らかの行動をとったかどうかにかかわらず，保護者は「適切な対応をしてやれなかった」という罪悪感を抱くようである。そしてこの罪悪感は，いじめの真相がどのようなものであったのかを明らかにしたいという動機へとつながることが多い。

　ところが，この保護者の希望がスムーズに実現することは少ないようである。これまでの例では，児童生徒が自殺した場合に，学校側がいじめの存在，そして自らの指導責任を認めることは，必ずしも多くない。極端な事例では，加害者の子ども自身が被害者をいじめていたことを認めているにもかかわらず，教師がそれを認めないよう加害者を指導した，というものもあった。

　加害者の保護者についても，自分の子どもがいじめを行っていたことを認めた上で自身の監督責任について反省し，被害者とその保護者に謝罪するといったことが行われにくいことが，これまでの事例からはうかがえる。

　また，被害者・加害者以外の児童生徒の保護者は，できるだけ波風が立たな

い形で事態が収束することを望む傾向がある。特に学校側がいじめの事実自体を認めていない場合には，騒ぎ立てることで自分の子どもの学習や生活に支障をきたすとして，遺族に批判的になる者も少なくないようである。さらに，受験生の子どもをもつ保護者の間では，受験に影響するとしていっそう被害者やその保護者に対して批判的な意見が形成されやすい。そして，こうした保護者の「世論」形成に，PTAが主導的な役割を果たす場合も多い。

このような，学校，加害者の保護者，その他の保護者といった側から被害者や遺族への批判として出てくる代表的な言葉が，「いじめではなく遊びの範囲だった」「いじめられる側にも問題があった」というものである。こうした言葉が生じる背景には，世間一般に存在する，いじめに対しての認識不足が大きく関与しているように思われる。何がいじめで何がそうではないかを決めることは非常に難しい。さまざまな先行研究においても，統一的ないじめの定義が存在するわけではない。しかしながら，いじめが被害者に深刻な苦痛を及ぼすものであり，そしてその苦痛はあくまでも被害者の視点からとらえられるべきであるといった点については，ほぼ共通した認識になっているのではないだろうか。しかし，世間一般ではいまだそれが共有されていないということを，先の言葉は示しているように思われるのである。

こうした，被害者側にとって厳しい状況のなかで，加害者やその保護者，学校，教育委員会，あるいは学校を設置している自治体を相手に遺族が訴訟を起こすこともある。これらの訴訟の多くは，やはり先に述べた「真相を明らかにしたい」という動機に基づいて行われることが多いようである。裁判で争点となるのは主として，「いじめの存在の有無」「いじめと自殺の因果関係」「いじめの予見可能性」（いじめによって自殺が生じるかどうかを教師が予測可能であったか）の3点である。しかし，これらを認定するための証拠が十分ではない場合が多いため，遺族が満足できる判決が得られたことは，これまでの事例では少ないようである。

2 ひきこもりと自殺

1 ── 他者・社会からの回避

われわれ人間は社会の中で生きる動物であり，他者とのかかわりなくして生きていくことはできない。しかし，最近社会とのかかわりを避け，対人関係場面から身を引く青少年が増えている。

たとえば，全国の不登校者数は平成16年度の速報値では約12万6千人にのぼる（文部科学省，2004）。さらに，就業・就学・職業訓練のいずれもしていない若者はニート（NEET：Not in Employment, Education, or Training）と呼ばれ，平成15年における総数は52万人といわれている（厚生労働省，2004）。そして，極端に他者・社会から身を引いている状態が「ひきこもり」である。なお，表2-4は他者・社会とのかかわりの回避に関するいくつかの記述をまとめたものである。

表2-4 他者・社会とのかかわりの回避に関する記述

名称	状態
不登校	学校に登校せず，欠席が年間30日以上にわたるもの。病気や経済的な理由によるものを除く。（文部科学省）
スチューデント・アパシー	青年期の学生が，学業や社会活動への意欲を失う状態。焦りや葛藤よりも，無力感や空虚感が強い。（ウォルターズ）
退却神経症	スチューデント・アパシーと同様の状況を呈する青年・成人。学生なら学業に，社会人なら仕事に対し無気力だが，副業（アルバイト）や趣味などには意欲的。（笠原嘉）
思春期内閉	主に思春期の若者が，ふとしたことで不登校になり，ひきこもる。しかし，これは心理的な成長のために必要な時期であり，「蛹（さなぎ）の時期」と称される。（山中康裕）
アイデンティティ拡散症候群	青年が社会での自己定義をすることができず，アイデンティティが不確かな状態。抑うつ，対人不安，活力減退，絶望感，無力感，ひきこもりなどを伴う。（エリクソン）
モラトリアム人間	青年がアイデンティティ確立の猶予期間（モラトリアム）に停滞したまま社会参加をしない。（小此木啓吾）
ニート	15-34歳の若年者で，学校に通わず，職に就こうとせず，技能習得の訓練を受けない者。（厚生労働省）
ひきこもり	学齢期から成人期にかけて，自宅以外での社会参加や対人接触が極端に少ない状態が長く続く。

2 ──「ひきこもり」とは

　ひきこもりとは，さまざまな要因によって社会的な参加の場面がせばまり，就労や就学などの自宅以外での生活の場が長期にわたって失われている状態のことである（厚生労働省，2003）。また，ひきこもりは，その背景によって病的ひきこもりと社会的ひきこもりとに大別される。病的ひきこもりは，統合失調症や躁うつ病などの精神障害に伴って生じるもののことである。一方，社会的ひきこもりは，心理的な葛藤・不安・混乱と社会的な要因が重なり合うことで表面化するものであり，副次的に生活リズムの乱れ（昼夜逆転など），家庭内暴力，強迫症状などが生じることがある。なお，病的ひきこもりの場合は，精神障害への医学的対応が中心となるため成書に譲ることとし，ここではおもに社会的ひきこもりについて述べていくこととする。

　斎藤（1998）によると，社会的ひきこもりとは，20代後半までに問題化し，6か月以上自宅にひきこもって社会参加しない状態が持続しており，他の精神障害がその第一の原因とは考えにくいものをいう。ひきこもりの状態にある者の総数は，一説には100～120万人ともいわれ，男性に多い。また，境ら（2005）が行った調査によると，ひきこもり状態にある者の平均年齢は28.1歳で，20歳代が最も多く，30歳以上は40％を超えていることが明らかとなっている。なかにはひきこもりが長期化し，40歳代に至っている場合もめずらしくない。さらに，同調査によると，ひきこもりは13歳～22歳の間に始まる場合が多く，平均のひきこもり期間は7.5年という結果が示されている。

　ひきこもりの原因は多様だが，一般的には次のようなことが考えられる。まず，社会的要因（核家族化，同世代の子どもとのかかわりが減少している，学歴重視の風潮など），子どもの要因（小さいころから対人関係が苦手である，自己表現がじょうずでない，思春期・青年期における情緒不安定など），家庭の要因（家族間の混乱など）といった素地があり，そこに何らかの心理的な傷つき（いじめ，挫折など）や環境の変化（進級，進学，転校など）が引き金として働くことで，不適応を生じる。さらに，家族や周囲の大人から強く叱咤激励されたり，まったく関心を払われないといった状況におかれると，不適応は本格化・長期化し，ひきこもり状態に陥る。一部の資料によると，不登校経験者のおよそ20％がひきこもり状態になり，ひきこもりの状態にある者のほと

んどに不登校の経験があるといわれている（斎藤，1998；2002）。

3 ── ひきこもりと自殺

　斎藤（2002）は，ひきこもりの場合，自殺はまれであると述べている。しかし，ひきこもりの場合，自殺は生じにくい，あるいは自殺したいと言ってもあまり本気ではないなどと考えるのはたいへん危険である。彼らは社会での生きにくさを抱えあぐねており，ひきこもることでどうにか自分を保っているのである。
　そこで，3つの事例を通してひきこもりにおける自殺の問題を検討していくこととする。なお，これらの事例は筆者の体験をまとめたもので，このままのモデルが実在するものではない。

> 【事例1】A男（高校生・男子）
> 　A男はおとなしい性格で友達は多い方ではなかったが，まじめでみんなから頼りにされていた。高校2年生の時には，推薦されて生徒会役員になったが，個性の強い集団をまとめることができなかった。徐々にA男は学校を休むようになり，人に会うことを恐がり始めた。また，外出をしなくなり，家でパソコンをしたりマンガを読んでいることが多くなった。唯一の外出は夜中の犬の散歩である。
> 　父親や担任の教師は，なんとか学校に復帰させたいと思い，「今登校しないともっと行きにくくなるよ」「学校に行かないで，これからどうするつもりなのか」などと強く励ました。しかし，A男は登校できず，ただ頭を抱えて小さくなっていた。やがて，A男が家族と話すことは少なくなり，自殺を図ったが，未遂に終わった。

　A男の父親や担任は「なんとか学校に行かせたい」「何かのきっかけがあれば登校できるのではないか」といった焦りから，強く励ました。また，「だらだら気ままにしているだけで，何の解決にもならない」といういらだちから，ひきこもりの子どもをきつく叱る場合も多くみられる。
　しかし，ひきこもり状態にある青少年は，挫折感，失敗感，劣等感，うしろめたさ，これ以上傷つきたくないという恐怖心，ひきこもりが続くことへの不安などを抱え込んでいる。したがって，周囲の大人が一方的に叱咤激励したり背中を押したりすると，彼らの不安や劣等感はつのる一方となり，火に油を注ぎ，傷に塩をすり込むことになりかねない。そして，「生きていても意味がない」「死んだほうがまし」という状態に追いつめられてしまうのである。また，

どうにもならない自分を抱えあぐねている状況で，その絶望から逃れる試みとして自殺を引き起こす危険性（田中，1996）が高まる。

ひきこもった青少年の援助で重要なのは，まず周囲の大人が彼らの生きにくさを適切に理解し，安心感を提供することである（斎藤，1998；2002）。また，山中（1978）らが指摘するように，ひきこもりをすぐにやめさせるのではなく，彼らのペースで解決の道を歩めるよう，待つ姿勢やともに考えていく姿勢が大切なのである。

【事例2】B夫（中学生・男子）
B夫はしばらく前からひきこもり状態であった。担任の教師が家庭訪問をし，好きなマンガのことなど，B夫の話に耳を傾けた。やがてB夫は心を開くようになり，担任に「じつは死にたいと思ったことが何度もある。今もその気持ちはあると思う」と打ち明けた。

田中（1996）によると，ひきこもった青少年がまったく自殺を考えないということはありえない。また，思春期・青年期では，子どもから大人への移行期であるため，心理的な意味での生まれ変わり，つまり今までの自分の死とこれからの自分の誕生ということがテーマとなりやすい。

彼らから自殺の話を聞くと，本当に自殺するのではないかとあわててしまいがちだが，他者を信頼し，「この人にならありのままの気持ちを話してもいい」と思えたことはたいへん意味のあることである。したがって，自殺の話に耳をふさぎ，一方的に否定したり，ましてや「死ねるものなら死んでみろ」などと挑発するのではなく，まずは「よく話してくれた」と声をかけたいものである。そして，彼らが吐露する生きにくさや追いつめられた気持ちに耳を傾けること，あるいは少しずつ成長していこうとする姿勢があることを発見し，それをはぐくんでいくことが重要である。

【事例3】C子（高校生・女子）
C子は1年以上前からひきこもり状態だったが，最近は表情も明るく，家族とよく話すようになってきた。また，新聞を読むようになる，おしゃれをして外出するようになるなど，状態が改善しつつあるようだった。そして，12月初旬，「3学期から学校に行ってみようかな」と言い始めたため，親や担任は学校復帰の準備を進めた。
しかし，3学期の始業式の日が近づくにつれ，C子は落ち着かなくなり，落ち込んだようすになっていった。そして当日の朝，制服に着替えるときに，「もう死にたい」と

言って自分で手首を切った。

　自殺は徐々に社会に復帰していこうとするときにも生じ得る。田中（1996）によると，自分が何かすれば，しようと思えば，あと少しで社会に出られる時，出られないことはないのに出られない時に，じりじりと緊張が高まり，その緊張を一時的に解放するために自傷行為が生じる場合がある。このような場合は，彼らの緊張感に耳を傾けるとともに，社会復帰が急激すぎないか，その時の彼らの力を上回っていないか，復帰に伴う不安に配慮はされていたか，復帰に向けて彼らとの話し合いは十分であったかといったことについて検討し直す必要があるだろう。

4──専門家・自助グループによる大人の支援

　ここでは，自殺ということをひきこもった青少年の心理的表現としてどう受けとめ，どうかかわるかという視点から述べた。自殺を遂行してしまう危険性が高い場合は，医師や臨床心理士などの専門家と協力し，自殺をくい止めなければならないが，親など周囲の大人が彼らを適切に理解することは，自殺予防はもちろん，彼らの心理的成長や社会復帰を助けるうえでも，基本的な前提であると思われる。

　しかし，このことはけっして容易ではない。まして親ならば，わが子に「早く社会復帰させたい」という焦りや「いつまでたっても変わらない」といういらだちが強くなるのは，ある意味では当然である。したがって，ひきこもる青少年の支援では必ずといってよいほど，ひきこもりを否認したい衝動と闘わなければならなくなる（斎藤，1998）。この苦境を乗り越えていくためには，専門家との相談や自助グループ（家族会など）への参加によって大人自身が支えられている必要がある。

3　精神障害と自殺

　自殺に結びつく大きな危険因子の1つとして，さまざまな精神障害があげられる。欧米では，自殺による死亡者の家族や友人，関与した警察や医療機関の

記録などを詳細に調査することを通して自殺の心理学的要因を明らかにしようとする研究（心理学的剖検研究）が行われているが，これらの研究の多くは自殺者の約90％に何らかの精神障害が認められたことを示している。また，日本における青少年の自殺と精神障害との関連について，飛鳥井（1994）は，危険性の高い手段によって自殺を図り，救命救急センターに運ばれた自殺失敗者の調査に基づき，29歳以下の自殺失敗者の50％以上に統合失調症や妄想性の障害が，13％近くにアルコール・薬物性精神障害がみられたことを報告している。

本項では，青少年に生じ得る精神障害と，そこにみられる自殺の特徴を概説する。

1──統合失調症

統合失調症は，思考や感情，意欲，行動など精神生活の広い範囲に障害が生じる病理であり，青年期に発症することが多い。統合失調症患者全体における自殺率は10～15％とされ，特に若年男性の自殺率が高い（榎本，1996）。

統合失調症に伴って生じる自殺は，大きく以下の2種に分類される。

1つは，「死ね」「飛び降りろ」などの幻聴や「何者かに追われ，もう逃れることができない」「誰かが自分を殺しに来る」といった被害妄想に影響された自殺，あるいは激しい興奮状態で行われる自殺など，統合失調症の症状そのものと密接に結びついた自殺である。これらは衝動的に実行され，予期しにくいことが多い。

2つめに，この社会の中で統合失調症を発症したということの意味合いがもたらす抑うつ感や絶望感，また病気に関連して生じるさまざまな現実的困難によって引き起こされる自殺がある。統合失調症に対する社会的偏見は根深く，就職や結婚などの現実生活にも多くの困難が伴いがちである。自分がそのような病気にかかったという事実は，強い不安や絶望感を引き起こし得る。さらに，現実に対処する能力が病気によって制限されるために，日常生活に生じるさまざまな問題の一つひとつが患者にとって大きなストレスとなる。また，妄想的・被害的になる，激しく暴れる，意欲が低下して自分の身の周りのことにも無関心になるといった統合失調症の症状は，患者を取り巻く家族や友人・知人

にも大きな負担を与えるため，家族関係や対人関係に軋轢が生じることも多く，これらも患者の不安や葛藤を強める要因となる。こうしたさまざまな社会的・現実的困難によって絶望感や将来への悲観が強まり，自殺に至るものである。先にあげた若年男性の自殺率の高さも，社会的自立をめぐる葛藤に直面する機会の多さと関連している可能性が考えられる（飛鳥井，2003）。

2 ── アルコール・薬物性障害

近年，飲酒や薬物摂取の低年齢層への広がりが社会問題化しており，若年者におけるアルコール障害や薬物性障害の発症，それに伴う自殺はますます看過できない問題になると予想される。

アルコールや薬物性の障害においても，統合失調症同様，自殺の様態は大きく2種に分類し得る。つまり，アルコールや覚醒剤，有機溶剤などの薬理作用そのもの，あるいはそれらの連用および離脱から生じる，判断力・自制力の低下，興奮，うつ状態や焦燥感，幻覚妄想状態などによって生じる自殺と，障害によって生じる社会的・現実的困難から引き起こされる自殺である。

後者に関していえば，アルコールや薬物は，身体面・精神面に大きな影響を与えるのみならず，乱用によって安定した修学や就労がままならなくなること，アルコール・薬物を継続的に入手する費用の捻出や就労困難による収入の減少など経済的負担が大きいこと，酩酊時やトランス時に起こすトラブルによって家族や友人・勤め先からの信頼を失い，対人関係が破壊され孤立しやすいことなど，社会的経済的な面でも破壊的な影響をもつ。そして，これらの困難に直面することを避けるため，さらに飲酒や薬物摂取が行われるという悪循環に至りやすい。こうした悪循環のなかで生じる「自分にはこの状況をどうすることもできない」という行き詰まり感や未来への展望のもてなさが自殺の危険性を高めると考えられる。

3 ── うつ症状を伴う気分障害

うつ症状を伴う気分障害は自殺と密接な関連をもち，自殺念慮や自殺企図はその診断基準の1つにもあげられている。中・高年層と比較すると，若年層においては自殺行動にうつ病や抑うつ性障害が関与している割合が非常に低いこ

とが示されており（飛鳥井，1994），これは精神障害の年齢による出現頻度の差を反映していると考えられるが，出現数は少なくても，思春期・早期成人期発症のうつ病では自殺の危険性が高いとされており（金田一・矢崎，1987），留意が必要である。

　うつ状態に陥ると，自分や世界，未来をとらえる視点がきわめて否定的，悲観的になり，「自分は弱くてダメな人間だ」「何もかも自分が悪い」「生きていてもいいことなど何もない」「将来に希望などもてない」といった病的な認知・思考パターンが優勢となる。これに加えて，思考や行動にブレーキがかかる症状（思考制止・精神運動制止）により，実際に病前と比べて学習や仕事の面での成果や能率が低下することも，不安感や劣等感，自責感を強める。さらに，不眠や頭痛，食欲の減退，疲れやすさなどの身体症状による苦痛も大きい。うつ病者の多くは，それにもかかわらず何とか自力でこの状況を打破しようと無理を続けるが，やがて疲弊し，無力感や絶望感が強まり，自殺行動が発生すると考えられる。重症例では，「自分は重い病気にかかっていてもう助からない」「自分は罪深い存在であり，生きていることで社会を不幸にしてしまう」「お金がなくなってしまい，このままでは路頭に迷う」などの妄想状態（心気妄想・罪業妄想・貧困妄想）に至る場合もあり，高橋（1996）はこれらのうつ病性妄想を示す患者はそうでない患者と比較して自殺率が5倍となるという先行研究を報告している。また，親がうつ病で自殺企図があった場合，子どももうつ病にかかって自殺企図をする危険性が高いとされている（藤内・西村，2004）。

　自殺が生じやすい時期としては発症初期，あるいは強い抑うつ状態を乗り越えた回復期があげられる。また，躁病相も示す双極性気分障害の場合，躁とうつの混合状態において心身の活動が部分的にアンバランスとなるため，自殺の危険性が高まるという指摘もある（金田一・矢崎，1987）。

4──摂食障害

　摂食障害は，実際以上に自分を太っている，醜いと考えて，体型や体重および食事に過度にこだわり，摂食行動が逸脱した様相を呈する障害である。極端な体重減少（女性の場合はそれに加えて無月経）にもかかわらず，それを認め

ず，さらなる体重減少を求めて摂食を制限し続けるタイプ，体重の増加を極度に恐れつつも自分をコントロールできず短時間に大量の食べものを摂取し，その後体重増加を防ぐため，食べたものを吐く，下剤や浣腸を使用するなどという排出行動を行うことをくり返すタイプ，過食はするが嘔吐や下剤という手段を用いず，絶食や激しい運動などで体重増加を防ごうとするタイプなどに分類されるが，このうち自殺の危険性が高いのは，過食とその後の排出・浄化（嘔吐や下剤使用）を伴うタイプであるとされる（Kaplan et al., 1994）。

摂食障害者の多くは，自分自身や自分を取り巻く環境が思うような理想的な形でないことへのいらだちや悲しみ，他者をうらやむ気持ち，自分の価値をとても低く見る気持ちなどを抱えている。しかし，摂食障害者はこうした苦痛を伴う感情と直面し，それをもちこたえていくことが難しい。摂食障害者は，思うように食欲や体重をコントロールして有能感や達成感・優越感を得ることや，大量の食べものをやけ食いすることによって，自分のなかにある苦痛を伴う感情から目を逸らそうとする。しかし，コントロールが破綻し，過食が生じることと前後して，これまで目を逸らし，抑え込んできたさまざまな感情がわきあがり，摂食障害者は強い抑うつに陥る。嘔吐や下剤の使用は，過食の事実をなかったことにするとともに，自分のなかにわきあがってくる抑うつ感をも打ち消そうとする試みであるが，自殺行動はこの抑うつ感に圧倒され対処できなくなった場合に生じると考えられる。

5──外傷性精神障害

幼児期から思春期までの人生早期における身体的・性的・心理的な虐待や性被害などといった心的な外傷体験は，被害者の精神発達に甚大な影響を及ぼし，さまざまな精神障害を引き起こし得る。岡野（1995）はそうした外傷体験後に生じる可能性のある精神障害として，心的外傷後ストレス障害（PTSD），解離性同一性障害をはじめとする解離性障害，うつ病，前述の摂食障害や境界性人格障害など多くをリストアップし，同時にこれらの精神障害において自傷行為や自殺企図が頻繁に生じることを指摘している。

人生早期に，特に親や身近な存在から身体的・性的な暴力を受けた子どもたちは，「自分には存在する価値がある」という感覚をもつことが困難であり，

その自己イメージはしばしば非常に悪いものとなる。また，外界や他者に対しては根深い不信感，「安全ではない」という感覚を抱かざるを得ない。愛情や依存の対象を求める気持ちは強いが，外傷によって歪められた認知や行動パターンのため安定した対人関係を築くことは困難であり，孤立したり，新たな対象との間で外傷体験をくり返すことも非常に多い。日常生活は常に不安や緊張，そして強い葛藤に彩られる。こうした傾向は被害者を非常に生きづらくさせ，衝動性や怒りなどの感情をコントロールする力がうまく育っていないこととあいまってさまざまな局面での自殺行動に駆り立てる。

　外傷後に生じ得る精神障害のなかでも，解離性障害には特有の自殺の危険性が伴う。解離性障害とは，あまりに強烈な体験の記憶，それに伴う感情などが自分自身のものとして統合されずに切り離されてしまった結果生じるもので，自分自身についての記憶が思い出せなくなる解離性健忘やそれに伴って放浪が生じる解離性遁走，現実感や生きている実感がもてなかったり，自分の身体から離れたところで自分を見ているような感覚をもったりする離人症，切り離された記憶や感情がそれぞれ独自の行動や思考パターン・記憶・能力や生理的反応などをもった人格状態（交代人格）として発展し，持続的並列的に存在する解離性同一性障害（いわゆる多重人格）などを含む。こうした解離性障害では外傷の事実そのものやそれに伴う感情が解離され，意識的には思い出せないことが多い。そのため何らかのきっかけや治療的介入でその記憶がよみがえり，実感をもってそれと向かい合ったとき，その衝撃から強い感情の混乱や厭世感が生じ，自殺に結びつく可能性が高いのである。

　また，解離性同一性障害の場合，複数の人格状態のなかには攻撃的なもの，理性的なもの，受け身的で抑うつ的なものなど，それぞれまったく異なった性質のものが存在し，人格間で考え方の相違や対立が生じることも少なくない。こうした場合に，対立に耐えきれない人格が自殺を選択する場合や，ある人格が他の人格を攻撃することが結果として自殺行動となる場合もある。

6 ── その他

　これらの精神障害は，合併して生じる場合（たとえば，うつ病にアルコール性精神障害を伴う場合など），さらに自殺の危険性が高まるとされている（高

橋，1996）。また，パニック障害は単独では自殺企図の増大に関与しないが，うつ病や物質依存・乱用，人格障害などの合併症がある場合，自殺のリスクが高まるという指摘もある（坂上・清水，1998）。

4 人格障害と自殺

1──人格障害とは
(a) 人格障害という診断概念

病気というと，ある特定可能な原因があって，その結果であると一般的にはとらえがちである。精神的な病気については，内因（遺伝や体質等の生物学的要因），心因（個人が主観的に体験するストレスや心理的外傷等の心理的要因），環境因（その時の外部環境や対人関係等）といった要因がそれぞれ強さをもって複合・循環的に作用していると考えられる。歴史的には，アメリカ精神医学会の精神障害の診断・統計マニュアルDiagnostic and Statistical Manual of Mental Disorders, Third Edition（DSM-Ⅲ）が出て以来，パーソナリティの偏りを精神疾患と区別し，別次元で人格障害という視点からとらえ，多次元的観点によってその人を理解するようになってきた。ただ「人格障害」という用語に対して，「悪い性格」という価値的ニュアンスが感じられ違和感をもつが，ここでは討議しない。DSMでは，1軸で症候論的診断，2軸で人格障害，3軸で身体疾患あるいは身体状態，4軸で心理社会的ストレスの強さ，5軸で心理的・社会的・職業的機能の全体的評価を行っている。

DSM-Ⅳでは人格障害を3つの群に分け，A群は対人関係からのひきこもりと奇異な行動とを特徴とするもので，妄想性人格障害，分裂病質人格障害，分裂病型人格障害が含まれる。B群は演技的で感情表出が激しく，攻撃性や社会的問題を特徴とするもので，反社会性人格障害，境界性人格障害，演技性人格障害，自己愛性人格障害が含まれる。C群は強い不安に伴う種々の行動を特徴とするもので，回避性人格障害，依存性人格障害，強迫性人格障害が含まれている。本項ではしばしば自傷行為や自殺行動を行うと考えられているB群の境界性人格障害と自己愛性人格障害を取り上げる。

(b) 境界性人格障害と自己愛性人格障害

境界性人格障害は，感情が激しく揺れ動き，慢性的な空虚感があり，自分自身についても他者についても不安定なイメージしかもてず，良いと悪いとの極端な感情の間で不安定な対人関係をもち，自傷や自殺企図，薬物の乱用や逸脱した性行動などの問題行動がみられるのが特徴とされている。

自己愛性人格障害は，賞賛されたいという欲求が強く，共感性が欠如し，自分に対する誇大感をもち，自己愛を傷つけられると激しい怒りをもつのが特徴とされている。

2 ── 死にたいという気持ち

(a) 自己破壊性への親和性

安岡（1997）は自己破壊性へ親和性をもつ現代の精神病理学的特徴を①不安から抑うつへの病理の変化，②恥や罪を意識する自分の心の内部を問題にする病理から外部へ問題を投影したり外在化させる病理への変化，③対象愛の段階へ進展せずに自己愛の段階にとどまっている病理の増加，④攻撃性を内外に露わにするかたちの行動化を呈しやすい病理の増加とまとめている。

すなわち，人格障害を呈する人は，不安や葛藤，衝動，悲哀感などを自己の心のなかに保持し，その体験を言葉で表現することが困難であり，自分自身で適切に対処できず，それらを行動で表出し，特に自分自身に向けやすくなっているのである。

(b) 人格障害と自殺行動

リンクスら（Links et al., 2003）によると，自殺行動は自殺，自殺企図，自傷行為の3要素から成ると定義されている。自殺は自己を死に至らしめようとして遂げた行為，自殺企図は死ぬ意図をもって行ったものの死には至らなかった行為，自傷行為は死ぬつもりまではなく自分を傷つける行為とされている。

市田と木村（2004）は，自傷の機制を以下のようにまとめている。対人関係の手段として用いる場合，①助けを求める，②相手を非難する。身体の対象化の場合，①自分の身体を相手とみなして攻撃する，②自身とみなして（自身を代表させて）罰する。自分の身体に強い刺激を加えることで，①離人状態から抜け出す，②その他の苦痛なことを忘れる（否認する），③強い痛みと血が

流れるという非日常的な刺激により，ある種の快感（陶酔感）を得る。

　安岡（1997）は，境界性人格障害の自傷性（すわなち，自殺の脅し，ジェスチャー，または自傷行為の反復）について，「他者を自分の思うように動かし支配しようとする他者操作，あるいは対人操作の現れと考えられるようになってきている。しかしながら，この他者操作的な行為を『本気でない』と理解することは危険であることも念頭におかなければならない」と警告している。それは「そうした言動にうまく対処してもらえないと感じた時に決定的な自殺企図すらおこしかねないときもある」からである。

　藤山（1994）による長期の追跡調査（平均10年以上）の結果，境界性人格障害の自殺率は10％程度と報告されている。また，生田（1994）による文献的検討の結果，境界性人格障害の自殺死亡率は0〜8％であったと報告され，リンクスら（2003）による文献レビューの結果，境界性人格障害の自殺死亡率は3％から10％であったと報告されている。ストーン（Stone, 1989）による15年の追跡調査の結果，自己愛性人格障害の診断を受けた入院歴のある患者の自殺死亡率は14％で，自己愛性人格障害の診断を受けなかった患者の自殺死亡率5％と比較して有意に高かったと報告されている。このように自傷や自殺企図をくり返す結果，死に至る者が少なからずいるのも事実である。

　その一方で，安岡（1997）は，自己の身体を傷つけることで，一時的に不安や葛藤を解決するという意味では，真の自殺への歯止めの機能をもっていると肯定的な意味合いについて述べている。

　筆者の臨床経験では，自殺を考える理由として，抑うつ的で悲観的な状態で，「生きる意味がわからない」や「生きていていいと思えない」「自分がどうしたいのか，どうしたらいいのかわからない」「自分には何か欠けている」といった虚無感が述べられることが多い。そして，「死ぬしかない」といったあきらめの境地や「ひとりぼっちである」「誰も何も助けにならない」といった孤立無援感やよるべなさ（helplessness）を述べられることもある。逆に激しい怒りや憎悪のために「死んでやる」という叫びもある。自己愛性人格障害では，外面的にはそれほど悩んでいるように見えなくても，自己評価のもろさや自己愛の傷つきが強く感じられたときに自殺行動がとられることがある。

(c) 人格障害と自殺のリスクファクター

表2-5は，境界性人格障害の自殺行動のリスクファクターについてまとめたものである（Links et al., 2003）。なお，自己愛性人格障害の自殺に関する研究は，まだほとんどないのが現状である。

表2-5　境界性人格障害の自殺行動のリスクファクター（Links et al., 2003を改変）

・物質乱用（本人あるいは親）	・親からの虐待
・過度の衝動性	・親の喪失
・大うつ病エピソード	・近親姦
・反社会性人格障害の合併	・生活上の障害に対する家族のサポートのなさ
・自殺企図の回数と重大さ	・社会的孤立
・社会適応状態の低さ	・永住する家の欠如
・不安定な就労（2回以上の転職）	・裁判の判決を受けている
・経済問題（自殺行動の時点で負債がある）	

　自殺のリスクファクターには，基礎となる精神疾患の重症度が寄与しているが，その患者に他の疾患，なかでも人格障害が合併すると，自殺の危険性が増大する。同様に，大うつ病のエピソードや物質乱用は，重要なファクターである。それから，近年，幼児期の心的外傷が人格障害の成因のひとつとして注目されてきており，いつごろいかなる強度でどのような心的外傷を負った経験があるかも重要な自殺のリスクファクターと考えられている。

3──人格障害の自殺行動への対応

　境界性人格障害の場合，発達的には3歳すぎで直面する分離個体化という課題（養育者から安心して離れられ，自分のことは自分でできるようになること）に問題を残し，特に見捨てられ不安に脅かされると考えられている。そのため対処力に弱さをもち，他者を巻き込んで事態に対処しようとする。また，対人関係において相手のささいな言動に見捨てられ不安を感じ，しがみつくような行動をとる場合もあれば，逆に激しく攻撃する行動をとることもあり，周囲は振り回されるような印象をもちがちである。しかしながら，どこか人を惹きつける魅力をもっており，放っておけないところもある。

　自己愛性人格障害の場合，他者のことなど構わず自分中心で尊大にさえ見え

るところがある。その一方で，とても傷つきやすく自己評価が下がることに悩むのである。他方で，ルーニングスタムとマルツバーガー（Ronningstam & Maltsberger, 1998）によると，その自殺行動は，自己愛への脅威を克服することによって自己評価を高める意味合いをもつと述べている。

　境界性人格障害の場合，激しい衝動や虚しさのために，あるいは他者からの助けを意識的あるいは無意識的に求め，自殺行動をとることがある。周囲からすれば，どれだけ本気で死のうとしたのかわかりにくく，気をもんだり，逆にその意味合いをみくびってしまうこともあるだろう。対応として大切なことは，こちらが心配し真剣に向き合っていることが伝わることである。ただ，過度の依存を助長しかねないケアを行ったり，本人に代わって責任をとるような行動をしていると，ますます巻き込まれ，見捨てられ不安が強いゆえに自分の要求や欲求不満にこたえてくれるかどうか，こちらの愛情や関心を試すようにも感じられる行動に出てくることがある。そこで，常識や通常の感覚を意識するようにし，できることはできるが，できないことはできないと言葉できっぱり伝えることが肝要である。「限界を設定する」という言い方をよくする。そうして行動ではなく，言葉でコミュニケーションするようにしてほしいと伝え，自己破壊的行動をおさえていくようにしていく。そのように心がけていても，対応する側に何とか救済したいという願望や怒り，嫌悪感などの感情が刺激され，こちらの対応にぶれが生じ，関係が錯綜して「見捨てる」ことが現実化してしまう事態になることさえある。

　対応者の手に負えないと思ったら，他者の助けを借りる，特に専門家に相談する，本人を専門家へつなぐことが有効である。たとえその局面で対応者が関与を減らすとしても，見捨てないでいると，必要に応じてまた戻ってくるものである。上述の限界を意識した対応のほうが，ゆくゆくは本人の自律性や対処力を強くすることになる。

Column ⑧
群発自殺・後追い自殺

　1986年、ひとりの人気女性アイドルが飛び降り自殺を図った。当時19歳であった筆者も衝撃を受けたが、直後から若いファンが相次いで自殺をしていることを知り、さらに驚いた。しかし、そうした若者たちにどこか共感できる自分もいた。最近でも男性ロックミュージシャンが自殺した年に、やはり青少年の自殺件数が増加していた。

　また、1986年や1994年には、いじめを苦にした中学生の自殺が大々的に報道されたが、これらの年にも青少年の自殺が多発している。こうした状況では、ある人の自殺によって「生きる支えを失った絶望感」や「助けてあげられなかった罪悪感」あるいは「寂しくて、死んだあの人のそばに行きたい」「自分も同じつらい境遇にあって、もう我慢しないで楽になりたい」といった思いが強く働いているのだろうか。

　こうした自殺の連鎖は「群発自殺」と呼ばれるが、けっしてまれな現象ではなく、古今東西で注目されてきた。高橋（1999）によると、典型的な群発自殺は、ある人の自殺のあとに複数の人々の自殺が連鎖的に生じる「連鎖自殺」であるが、このほかにも複数の人々がほぼ同時に自殺する「集団自殺」や互いに関係をもたない複数の人々が「自殺の名所」などの特定の場所で行う自殺も含まれる。

　また、典型的な群発自殺では、自殺のピークが2つあるという。第一波では、ある人の自殺や自殺未遂のあとに、親しかった友人や恋人、あるいは同級生などに自殺行動がみられる。特に青少年は被影響性が強く、自殺者に同調しやすいので注意が必要である。また、群発自殺では、最初の自殺者と同じ自殺手段を用いる傾向も高い。

　一方、群発自殺の第二波では、マスメディアの影響も無視できない。青少年の自殺が生じると、特にワイドショーなどではセンセーショナルな報道が頻繁にくり返されるが、自殺願望をもった青少年は、自殺者が知人でなくても強く影響され、自殺行動が刺激されやすくなる。こうして全国レベルで自殺の連鎖が生じる恐れがあるが、自殺者が社会的影響力の強い有名人であるほど、そのリスクも高いようである。

　青少年（同世代の有名人も含む）の自殺が生じた場合は、親しかった友人や同じ学校および地域の青少年の反応に、教師や保護者、スクールカウンセラーなどは注意し、自殺予防対策を検討する必要がある。その際、噂の拡大を防ぐためにも、プライバシーに配慮しながら関係者に事実に基づく情報を伝えること、自殺や死を美化したり、センセーショナルに取り上げないこと、青少年一人ひとりの反応を確認し、後追い自殺の危険性が高い青少年には、個別に心のケアを行うことなどが重要となる。

Column ⑨ 自殺と心中

　心中には，母子心中，一家心中のほか，夫婦心中，狭義の異性心中，同性心中，後追い心中，合意心中，無理心中などすべての複数の自殺が含まれるとされるが，厳密にいうと，「同一の場所で，同時に二人以上の者が自らの意思による同意の上で，同一の目的のもとに自殺をする場合」（大原，1987）とされる。大原によると，そもそも「心中」という言葉は，元来は心の中のこと，つまり，心底や胸中を意味したとされる。それが江戸時代において，相思相愛の男女が自分たちの愛情のためにいっしょに死ぬという情死の意味をもつようになり，その後親子を含めた家族どうしの自殺も意味する言葉となったという。

　自殺のひとつとしての心中は，日本固有の形態ではなく，諸外国においても生じているとされているが，親子心中，とりわけ，母子心中が多いのは日本の特徴であるとする意見が多い。親子心中について，母子心中と父子心中ではその背景や内容が大きく異なり，高橋（1997）によると母子心中の場合，母親の年齢も25歳～30歳と若く，80％近くが夫婦・嫁姑間の問題であるのに比べ，父子心中では，中年期に多く，失職や病気による経済苦による一家心中の形態をとりやすいとされている。

　親子心中は，古くは日本書紀の時代から生じていたとされるが，情死としての心中は江戸時代において，厳しい封建的階級制度や義理人情のしがらみ，経済的問題などから多発するようになったという。加えて，この時代には，大阪の曽根崎で生じた醤油屋手代の徳兵衛と遊女お初との悲恋を描いた近松門左衛門の「曽根崎心中」に代表される心中を題材にした作品の流行が，情死の多発に影響を及ぼし，ついには，「心中禁止令」が出されるまでになった。

　近年，インターネットの普及に伴い，ネット上で自殺の相手を募集し，ともに自殺を遂げるという事件，いわゆる「ネット心中」が生じるようになってきている。2003年2月にネット上で心中の相手を募集した20代男性と20代女性2名が，埼玉県のあるアパートの一室において一酸化炭素中毒で死亡した事件は記憶に新しいところであろう。これは，これまでの親子，恋人，友人など何らかの情が絡む関係のもとに行われた心中とは異なり，この3名には日常的な顔見知りの相手としての感情的な交流はまったくなかったとされる。自殺を願いながらも，ひとりでは寂しいという者どうしがネットを媒介に出会い，ともに自殺を遂げたのである。社会が変われば自殺の手段や形態が変わるといわれているが，これもまたそのひとつであろう。

Column ⑩
自殺と自傷行為

　自殺企図とは自殺を意図して行われる行為である。近年，思春期・青年期の女性を中心として，明確に自殺の意図があるとは言いがたいながらも，主として自分の手首を鋭利な刃物を用いて切るという行動（リストカット）が頻発するようになっている。こうした自ら自分の身体の一部を傷つける行為，すなわち自傷行為は単一の疾患ではなく，さまざまな精神障害や精神状態で生じるものである。自傷行為が生じるものとしては，統合失調症の妄想や作為体験によるもの，てんかんのもうろう状態，進行麻痺や非定型精神病の興奮状態，うつ病や神経症，人格障害などがあげられるが，なかでも境界性人格障害においては，自傷行為が診断基準のひとつとなっている。また，行為の内容も，リストカットだけでなく，切腹，壁に頭を打ち付ける，爪で皮膚をかきむしるなどさまざまな種類があり，小児期の抜毛や非行のなかでみられるタバコによる火傷（根性焼き）も自傷行為としてみなすことができるであろう。

　先にあげた思春期・青年期の女性を中心としたリストカットについては，1960年代にアメリカで報告例が多発し，1970年代には日本でも多発するようになっており，手首自傷症候群（wrist cutting symdrome）（Rosenthal et al., 1972）とも呼ばれている。抑うつを感情基調として，しばしば別離や孤立など日常の対人葛藤をきっかけに生じ，習慣化されやすい。診断的には，神経症やうつ病，摂食障害などに加え，境界性人格障害として診断される場合が多いとされ，社会的なひきこもり，性的逸脱行動，薬物乱用を伴う場合もある。安岡（1996）によると，その機制には，ヒステリーの機制による疾病利得や手首を見捨てた親や無価値な自分として人格化し，処罰するという意味のほか，離人状態からの自己の現実感覚を取り戻す試み，自分の内面的，心理的な葛藤からの逃避があるとされている。そして，生育史においては，過去に見捨てられ体験や拒否された体験，幼少期から母親との関係の不安定さが多いこと，青年期における同一性形成や分離・個体化の課題が十分に達成されていないとする指摘もある。

　こうした自傷行為は，他者との関係性を求めているものであり，積極的に死を望むというよりは，クライシスコールであることが多い。「身体に傷をつける」ことで一時的に不安や葛藤を解決するという意味では完結的行為であり，自殺を予防しているという点で，自殺企図とは一線を画しているとされる。しかし，自殺企図は絶望的な気持ちや助けを求める叫びでもあり，自傷行為も傷つける部位によっては致命傷にもなりかねないため，2つを明確に区分することには議論の余地があるとされている。自傷行為は軽微なものでも死の危険を想定した専門家のアプローチが必要と考えられる。

Column ⑪ 芸術家と自殺

　芸術家の作品には、人々を惹きつける魅力がある。絵画、文学、音楽など、われわれはそれらを享受することで人生を豊かにしている。こうした芸術家の精神的に傑出した人物の生活誌を、精神病理学者によって興味ある精神生活の側面と創造力の発生を論じたり、創造力の発生にとって精神生活がどういう意味があるかを明らかにする学問がある。それは「病跡学」（pathography）とよばれるが、今日まで病跡学では古今東西のさまざまな芸術家について研究されてきた。そのなかには自殺で生涯を終えた芸術家も少なくない。芸術家は作品を残しているので、その作品に込められた手がかりから自殺に至るプロセスを推測することができる。

　わが国にも著名な作家で自ら死を選んだ人たちもいる。福島（1984）は、西欧の芸術家では父子関係が、わが国では母子関係が創作活動での重要性をもっているという。

　芥川龍之介（1892～1927）についてであるが、彼は、4人の母をもっていた。生後7か月まで実母、その後は養母、義母、実際の母親代わりであった伯母の4人である。芥川は、実母が精神病者であり、牛乳で育てられたことに劣等感（防衛として優越感）をもっていた。また伯母は偏った愛情で盲愛していた。彼は実母と同じ病気が自分のなかに起こりつつあることを過度に恐れた。青年期にはすでに文壇で地位を得ていたが、自殺の前年ごろには被害妄想などに悩んだ。作品と自分との距離がとれなくなって創作に行き詰まり、生きる希望を失って自らの命を絶ったといわれている。

　次に太宰治（1909～1948）について、彼は、裕福な生まれであったが、政治家の妻として多忙な母親に代わって叔母に育てられた。太宰は幼いころから叔母が自分を見捨てて去るのではないかという不安におびえていたという。代表作である『人間失格』は文学的自伝小説といわれる。自己像は不安定で、常に生きることから逃れようとしていた。記録されているだけでも5回も自殺を図っている。このように母親と早く別れ、その不幸の代償の試みとして創造活動を行ったのが、芥川と太宰である。

　川端康成（1899～1972）も早期に母親と別れている。川端は、1～2歳で父母を亡くし、14歳までには育ててくれた祖父母も亡くなり、天涯孤独となっている。しかし川端は、無意識には満たされなかった甘え欲求がありながらも、祖父の養育によって現実と幻想とを区別する強さをもっていた。晩年に多量の睡眠薬で自殺しているが、事故であるとの説（秋山、2002）もある。

　芸術家は、作品と同様に、その自らの人生までもが人々を魅了し続ける。その稀有な存在そのものが、われわれにとっては素晴らしい作品なのである。

Column ⑫
宗教と自殺

　現代のわが国における宗教活動は、『日本人の意識調査』（NHK放送文化研究所、2000）によると、宗教活動として最も多くの国民が行っているのは、生活習慣的な墓参りが7割、次に現世利益的な、お守り・おふだ、祈願、おみくじ・占いが2～3割、最後に自己修養的なお祈り、礼拝が1割となっている。現代のわが国の宗教活動は西欧と比較して全体的にその色彩が薄く、また人々が、宗教に求めているものは現世利益と自己修養の側面があるといえよう。

　オルポート（Allport, 1968）は、人間の宗教への態度を「宗教的志向性」（religious orientation）という概念で説明している。宗教的志向性は、外発的志向性と内発的志向性に分けられる。外発的志向性とは、自分の目的のために宗教を利用し、神に頼るが自己から離れずにいる現世利益的な態度である。一方、内発的志向性とは、主要な動機を宗教に見いだし、教義を受け入れて内面化し、宗教に完全に従おうとする自己修養的な態度である。宗教と自殺の関係を考える際には、こうした宗教への態度、つまり信仰のあり方が大きくかかわってくる。

　宗教は、一般に自殺の抑止力になるといわれる。抑止のためには、それぞれの宗教の教義が重要であるという見解もあるが、稲村（1977）によると抑止を及ぼす共通見解は、人間の側の信仰心のあり方の問題であるという。信仰心の問題とはいえ、自殺防止機関の多くは宗教関係者によって創始されている事実もあり、宗教がその戒律の厳しさによって自殺を抑止してきた歴史がある。特に共同体志向の強いカトリック、ユダヤ、イスラムでは自殺抑止力が強いといわれてきた。しかし、現代ではどの宗教においても共同体志向は弱まっているので、宗教の形骸化が進んだ国や攻撃性を内に向けやすい民族の自殺率が高いという見解も生じてきている。

　人間は、人との関係において生きている。したがって、信仰のあり方においても個人によって完結しているものではない。ひとりの信仰は、家庭や共同体の中で影響を与え合う。エリクソン（Erikson, 1959）は、信仰の問題を人間が生きていくための「基本的信頼」（basic trust）と関係づけて考えた。人間は、宗教から信仰を引き出し、失われそうになった自他への信頼の感覚を回復させることで、生きのびてきた歴史を有している。こうした信頼の感覚は次の世代を育み、世代を超えて連鎖していく。そして、宗教から信仰を引き出すか、「不信」（mistrust）を引き出すかは、われわれの課題である。

第3章

自殺に接近する青少年への対応

第1節

対応する際の原則

1 自殺の兆候に気づくために―いかにして自殺を予測していくか―

1──自殺の危険因子

　自殺の危険因子について，高橋（2001）は，自殺未遂歴，精神疾患の既往，サポートの不足，性別，年齢，喪失体験，自殺の家族歴，事故傾性をあげている（表3-1）。高橋は，危険因子を多く満たす人は将来，自殺によって命を落とす危険性が高い，としている。さらに高橋は，これらの危険因子とともに，性格傾向（未熟・依存的，依存・敵対的，衝動的，完全主義的傾向，孤立・抑うつ的，反社会的），生育歴（児童虐待など），社会適応，葛藤状況，精神症状などを，総合的に判断する必要がある，としている。

　こうした危険因子やそれに結びつくものを十分に理解し，あらかじめ知っておくことが，自殺行動の予測に役立つと思われる。

表3-1　自殺の危険因子（高橋，2001）

1）自殺未遂歴		自殺未遂の状況，方法，意図，周囲からの反応などを検討。
2）精神疾患の既往		躁うつ病，統合失調症，人格障害，アルコール依存症，薬物依存など。
3）サポートの不足		未婚者，離婚者，配偶者との別離，近親者の死亡を最近経験。
4）性別		自殺既遂者：男＞女　自殺未遂者：女＞男
5）年齢		年齢が高くなるとともに，自殺率も上昇する。
6）喪失体験		経済的損失，地位の失墜，病気や外傷，近親者の死亡，訴訟など。
7）自殺の家族歴		近親者に自殺者が存在するか？（知人に自殺者を認めるか）
8）事故傾性		事故を防ぐのに必要な措置を不注意にも取らない。慢性疾患に対する予防あるいは医学的な助言を無視する。

2——インテークにおける情報収集の仕方

　相談機関のインテーク面接において，希死念慮や自殺未遂歴の可能性が推測されたときには，面接者が率直にそのことを話題にすることが重要である。まず希死念慮について，「この世からいなくなりたいと思ったことはあるか」「いっそ死んでしまいたいと思ったことはあるか」などと尋ねてみる。肯定したときには「実際に試みたことはあるか」などと自殺未遂歴について尋ねる。インテーク期を過ぎ面接段階に入ると，改めて話題にすることがはばかられ，結果として見逃されかねないので，なるべくインテークの段階で明らかにしておくことが望ましい。

　自殺未遂経験のある青少年は，その後もくり返す確率が高い。こちらが必要以上に恐れ，遠慮するよりも，率直かつていねいに尋ねておくほうがクライエントの見立てや予測をつけるのに役立ち有益である。自殺未遂の時期，手段，きっかけ，周囲が気づいたか，周囲の反応はどうだったか，それをクライエントはどのように感じたか，未遂の後どうしたか，気持ちに変化があったか，今後またくり返しそうかなどについて，尋ねるとよいだろう。こうした質問にクライエントは意外なほど正直に話すことが多く，また話すこと自体がクライエントの孤独感をやわらげる効果をもつ。

　情報を得るときに欠かせない視点は，「本人とこの世をつなぎとめるものがあるかどうか」ということである。家族，友人，学校の教職員，所属するグループなどといった，人とのつながりはどうか。また，自己の存在意義を感じるもの，自尊心を支えるものがあるかどうか。たとえば，趣味や打ち込めるもの，社会的な役割，過去のポジティブな体験などがそれに当たるだろう。つなぎとめるものが1つもないとき，自殺実行の危険度は高まると考えられる。

　このように，相談機関においては来談者についての自殺の兆候を把握することはある程度可能である。しかし，問題は来談しない青少年たちである。来談しない場合は発見が非常に困難なのが実情である。

3——大学の学生相談室の取り組み

　それでは，相談機関を訪れない青少年の自殺の兆候をキャッチする方法はあるだろうか。ここでは筆者の勤務する大学の学生相談室における取り組みを紹

表3-2 大学の学生相談室における取り組みの例

アプローチの目的	アプローチの例
問題が起きてから	来談者に対する助言，カウンセリングなどの対応
問題の早期発見 「間口は広く，スロープは緩やかに」	スクリーニング・テスト （フィードバック，呼び出し面接，見学ツアー） こころの休憩室 （図書の貸し出し，飾りつけなど） 受付職員の「話し相手機能」 教員，学内部署との連携
問題の発生予防	講義「キャンパスライフ実践論」 こころの休憩室の利用者どうしのピアサポート機能

介する。ただし，これらは自殺予防に焦点を絞ったものではなく，もっと広くふだんからの学生の不適応の早期発見，問題の発生予防を目的とした，比較的地道なアプローチであり，その結果として自殺の予防にも寄与しうる可能性をもっているという位置づけである。

　来談者への対応というのは，基本的には問題や悩みが発生してからのものであり，かつ本人の相談に対する動機づけがあることが前提になっている。このように問題が起きてからではなく，できるだけ早期に問題を発見し，あるいは問題が起きる前に問題発生を予防する試みが必要となってくる。表3-2に，学生相談室における取り組みの例を示した。

　以下に，問題の早期発見のためのスクリーニング・テスト，こころの休憩室，また問題の発生予防のための新入生対象の講義を中心に述べる。

(a) スクリーニング・テスト

　入学直後の健康診断に組み込むかたちで，学生相談室が新入生全員を対象にスクリーニング・テストを実施している。心理検査はGHQ（General Health Questionnaire）を用いている。この検査ではGHQ得点によって神経症傾向を，また要素得点によって身体症状，不安と不眠，抑うつ傾向，社会的活動障害を測ることができる。GHQ得点が高得点の学生で同テストの相談希望欄に「相談したい」と答えた学生に学生相談室から手紙を送り，呼び出し面接を行っている。呼び出しの対象となるのは，例年，新入生全体の約1割（100名程度）である。手紙に応じて来談する学生はそのうち約3割（30名程度）である。呼び出し面接の結果，20名程度が問題ありと判断され，10名程度が継続的な

カウンセリングにつながる。このアプローチによって，毎年希死念慮をもつ学生，あるいは自殺未遂歴のある学生が1，2名程度相談室につながっているという現状である。

呼び出されることによって，来談への抵抗感やネガティブな感情を覚える学生もなかにはいる。そうした抵抗感を少しでも減らすために，この数年はテスト実施時において「希望者には後日相談室で結果を知らせる」と伝え，申し込ませる方法も導入した。これにより神経症傾向の高い学生が結果のフィードバックを先に希望すれば，その学生は呼び出すことなく相談室につなげることが可能になった。

(b) こころの休憩室

学生相談室内にある「こころの休憩室」は，テーブルやソファなどが備えられたリビングルーム風の部屋である。学生はここで静かにお茶を飲んだり，本を読んだり，食事，昼寝もできるなど，自由に過ごすことができる。相談するほどではないが，心が疲れてほっと一息つきたいなど，潜在的にニーズや課題をもった学生が訪れている。スタッフとの関係が築かれていくにつれ，学生は少しずつ自分の内面を語り始め，なかには過去につらい体験をもつことが明らかになる場合もある。自傷行為や自殺未遂歴をもつ学生，医療機関の受診歴のある学生もいる。休憩室を利用する学生たちは，互いにそれぞれの人のありようを敏感かつかなり適切に感受しており，ときには自然に自己開示しあい，自分の心の症状について話したり，利用している医療機関や薬の情報交換をしたりする場面がみられることもある。また，休憩室を利用している女子学生が学内でリストカットをしたとき，心配した仲間がそばにいて話を聞いたり，本人を自宅まで送って行ったということもある。自然発生的なピアサポート機能がはたらいたといえるだろう。

休憩室を利用する学生との接触や学生間の仲立ちは，受付職員が対応している。相談ではないが「ちょっと話がしたい」とき，受付職員は学生にとり，ちょうどいい距離，位置にいる。学生の課題意識が明確になり，相談への動機づけが高くなったときにはカウンセラーにつながることになる。

「間口は広く，スロープは緩やかに」が相談室のスローガンである。学生相談室を身近に感じさせ，来室への敷居を低くするためにいくつかの工夫をして

いる。前述のスクリーニング・テストの実施の後には，そのまま新入生全員を学生相談室に誘導し，室内の設備や備品を見学させ，スタッフとも顔を合わせる「見学ツアー」を行っている。また，常時図書の貸し出しや生活に役立つ情報の提供を行うほか，七夕飾りやクリスマスツリーに願いごとを書いた短冊を飾ってもらうといった，ちょっとした仕掛けも季節に応じて用意する。学生と相談室，あるいは学生どうしをさりげなく自然に結びつけるきっかけや場は，いざというときには問題の早期発見と早期対応につながる土壌を形成する。

教員との連携，学生課や教務課，キャリアセンターなどの関係部署との連携ももちろん大切である。日ごろの情報交換から，問題をもつ学生のコンサルテーションなどのできる人的ネットワークは欠かすことのできないものである。

(c) 講義を用いた予防，適応促進

大学という新しい環境にとまどいや違和感を覚え，必要以上に不安になって苦しむ学生が増えている。問題が長引き，不適応として表面化するのを待つのではなく，早い段階で問題の発生を未然に防ぎ，大学生活への適応を促進するアプローチが必要とされている。

学生相談室では新入生を対象に講義「キャンパスライフ実践論」を開講している。大学とはどのようなところか，高校との違い，大学生活で起きがちな不安や悩み，トラブル，その予防や解決法などについて，相談室スタッフ10名がそれぞれの相談経験をもとにわかりやすく具体的に話をしていく。取り扱うテーマは「授業の受け方」「大学生のマナー」「サークル活動・アルバイトの効用」「自立への歩み」「人づきあい」「資格・適性・進路」「心の健康」「ハラスメント」「試験の受け方・長期休暇の過ごし方」など，大学生活全般にわたっているのが特徴である。

この講義では大学生活のヒントを提供するのが大きな目的であるが，もう1つは，毎回受講生が書く小レポートの内容を紹介することにより，受講生が「不安なのは自分だけではない」と知ることが大きな効果をもつ。つまり，悩みのある学生は悩みの内容にも苦しんでいるが，「悩んでいるのは自分だけではないか」と，悩みをもっていること自体にも苦しんでおり，二重に悩んでいることが少なくない。それが，悩みは誰にもある人間的なことであると見方が変われば，2つの悩みのうち1つは解消し，悩みの内容に安心して取り組むこ

とができるのである。自分と同じ悩みをもつ他者の存在を知ることは，学生を過度の孤独から救うのではないかと考えられる。

　青少年の自殺の兆候を予測し，予防することは実際のところけっして容易ではなく，できる対策もかなり限られている。ここに述べたような取り組みは，どれも平凡でささやかな工夫にすぎないかもしれない。しかし，いかに日ごろの信頼関係を少しでも築いておけるか，サポートのネットワークをいかに広げ，その網の目をいかに細かくしておくかが勝負であると考えられる。そうしたことが，いざというときに自己を追いつめやすい青少年の心を開かせ，信頼できる誰かとうまくつながるようにはたらくのではないだろうか。

2 危険の段階に応じた支援

1──自殺の危険の段階をいかに認識するか

　自殺の危険の段階とは何か。「死にたいくらいです」（A）というようなレトリック（修辞）の段階から，「今夜中に死にます」（B）というような通告まで，自殺の危険を認識させる言い方はさまざまであろう。ここにすでに難しい問題が発生している。場合によっては逆に，Aの言い方が隠微な形の通告であり，Bの言い方が演技的なレトリックであることもありうるからである。カウンセリングの発想では，クライエントの発する一語，一文は，その文脈，および非言語的なメッセージとの関連から解釈されねばならない。これは，自殺問題への対応に関してもいえることである。共感的理解の問題がそこにある。

　言い換えれば，自殺の危険の段階を正確に認識できれば，それ自体が共感的理解として，自殺をほのめかすクライエントが生きられるよう援助することになりうる。しかし，もちろんこれは容易なことではない。仮にクライエントが，レトリックとして自殺を語る場合であれ，そこには容易に人を寄せつけない「絶望」や，相手を巻き込む「甘え」があることはまちがいないであろうから，カウンセラーはそのような事態に対しても十分に注意する必要がある。その意味で，自殺の危険の段階に，軽い段階などない。自殺の兆候のチェックリストや危険の段階の「尺度」というようなものは，あくまでも不安になりやすいカウンセラーの側の安心のための道具であり，常に相対化される必要がある概念

装置であるといわねばならない。現実問題としての自殺という現象は，限りなく複雑であり，その複雑さにどのように接近できるかが，援助の成否を決めるということはまちがいない。

とはいえ，自殺の危険に程度の違いがないわけではない。ここでは，実践感覚を生かし単純化して，次の3段階を考えてみたい。

　①第1段階：レトリックの段階
　②第2段階：ボーダーラインの段階
　③第3段階：最終段階

レトリックの段階とは，クライエントが自殺を語りつつも，それがただちに行動には移されない段階である。正確にいえば，クライエントの語りを，カウンセラーが困惑とアンビヴァレンスをもって注意深く聴きながら，謎解きの作業を持続することにより，自殺が行動に移される確率が小さくなるということである。カウンセラーの力量が試される。カウンセラーの力量が発揮されないと，第2段階（ボーダーラインの段階）に移行することもありうる。レトリックの段階とは病態水準でいえば，神経症水準に該当するともいえよう。あくまでも比喩であるが。

第3段階（最終段階）とは，自殺がただちに行動に移される危険性がある状態であり，カウンセラーには容易に察知できない事態でもあるといわなければならない。「危機介入」とは，このような事態を想定している概念であろうが，困難は「容易に察知できない」というところにあるのである。この段階は，いわば1つの「理念型」であり，カウンセラーにはいわば「不可知」の領域であると考えたほうがよいだろう。このことは，精神病の世界が，そこに生きていない者にとっては了解不可能な世界と感じられるという事実に対応する。

中間のボーダーラインの段階は，熱心なカウンセラーが時に遭遇する困難な事態の背景をなす。レトリックのようでもあり深刻な通告のようでもあるクライエントの語りに，まじめなカウンセラーは困惑し翻弄される。カウンセリングの枠は壊され，家族や学校関係者とのコンサルテーションという援助形態になることも多い。いずれにしても，問題の人，クライエントの危険な状態にかかわる見きわめが必要であるにもかかわらず，その認識がまた決定的に困難なのである。病態水準でいえば，文字通り境界例水準に対応するといえようか。

このような認識の作業を，カウンセラーはクライエントや家族，学校関係者との有効な共同作業のなかで行う。意識的，無意識的相互作用のなかで行う。連携ということの成否もそれによって決まる。カウンセラーが安全地帯にいて，冷静に事態を把握できれば楽であるが，なかなかそのようにはいかないのが現実なのである。

2── 第1段階の危険に応じた対話の技術

　クライエントないし当事者が，仮に「死にたい」「死ぬしかない」「死んだほうがマシ」あるいは，「死にそう」「生きていたくない」「どうして生まれてきたの」などと語ったら，カウンセラーはそのレトリックを大事な自己表現としてていねいに，味わって聴いていけることが望ましい。「死にたい」とは，言い換えれば「会いたい人に会えない」という意味がありうる。そのことを，カウンセラーが聴き取れば，その言葉は無意味な言葉ではなくなり，対話の場はその意味を持続できる。精神分析でいう，「対象喪失」「喪の仕事」が語られる可能性が残されるのである。

　レトリックとは「たかが言葉」というニュアンスをもつ言葉である。しかし，カウンセラーは，言葉によって仕事をする人間であり，それ以上はできない人間である。「死」であれ「自殺」であれ，「幻滅」であれ「絶望」であれ，そこに何らかの突き詰めたイメージが語られたときには，そこにクライエントの世界の真実を感じ取る努力をするのが専門家というものである。「暗い」世界のイメージがメディアにあふれているので，カウンセラーも教育関係者も新鮮な驚きをもちにくくなっている。そのような状況のなかで，「深淵より叫ぶ」青少年の声が誰からも耳を傾けられなくなっているとしたら，恐ろしいことである。

　「死」の現実が日常世界から遠ざけられている現代において，「自殺」に関するレトリックは人間関係のなかでおさまりの悪いところがある。有名な劇画の「おまえはすでに死んでいる」という台詞（非日常世界における殺人衝動の究極的表現）を，社会病理的にどのように解釈できるのか，じっくり考える時間をもてないのが，カウンセラーの現状である。つまり「ゆとり」がないということであり，状況に流されているということである。現代の「情報化社会」と

は，いわば「早い者勝ち」の社会であり，情報処理であれ交通機関であれ，常にそのスピードを競争している。その競争から脱落したものは，まさにネグレクトされることになる。ネグレクトされたものたちが共通の場を見いだしたときに，その場が「ともに生きる」場になることもあろうし，「ともに死ぬ」（皆で殺す）場になることもありうる。

　現代の青少年の不安のありようを理解する際には，何らかのアイロニーが必要になることが多い。アイロニーとは何か。広辞苑の記載は示唆に富む。

　【アイロニー】（偽装の意のギリシア語）皮肉，あてこすり，反語。ソクラテスの用いた問答法。議論の相手を知者とし，自己は無知を装いながら，対話を通じて相手の無知をあばいた。ドイツ＝ロマン派の用語。一方で対象に没入しつつ，他方でそれに距離をとって皮肉に見ることにより，自我をあらゆる制約から解放する態度をロマン的イロニーと呼んだ。（広辞苑より）

　インターネットの裏世界には，痛ましくもみずみずしい，少なからず鬱屈した青少年のやわらかい感受性があふれている。それらの多くはアイロニカルな感覚に親和性があり，それらの表現を理解しようとする側にもアイロニカルな感覚が必要になる。そのためにはアイロニーという言葉の原義に帰ることが有効であろう。「偽装」とは，周知のようにフロイト派の用語でもあるが，自殺を語る青少年のレトリックを味わい，無理なく応答する技術を編み出す際に役立つ概念でもある。彼らが「自分は一人ぼっちではない」と感じられるような傾聴と応答こそが，自殺の防止に最も役立つ言語的基盤といえる。カウンセラーの言語的能力の機敏さが頼りなのである。

　余談であるが，ひところ「ゆとり教育」ということが言われ，その後やがて「ゆとり教育」の問題点ということが言われるようになった。あたかも「ゆとり教育」が青少年の知的水準の低下をもたらした元凶であるかのような行政の宣伝とメディアの報道は，皮肉にも現代社会の「ゆとり」のなさと無責任を端的に表しているといえよう。あえてアイロニカルな言い方をすれば，行政とメディアは協働して「ゆとり」という大切な日本語を「ガラクタ」にしてくれたのである。そのような社会環境が青少年の心に及ぼす文化的影響をよく理解しておくことが援助の専門家にとっては必須の課題である。

「自殺」や「死」について語ることは，単にその防止のためというだけでなく，青少年の人間的成長のために重要な意味をもつということも忘れてはならない。それには，カウンセラーとクライエントが，世代を超えて対等に語り合うという関係が必要となる。この問題に関しては，カウンセラーがクライエントに対して優位に立てるわけではない。人間の生死は平等である。この点でカウンセラーにおごりがあると，逆にクライエントが自分の「死」をちらつかせてカウンセラーに対して「優位に」立とうとしているかのような錯覚が関係のなかに起こりかねない。

これは神経症的なゲームともいえようし，世間に多くある権力ゲームのごときものともいえよう。社会的な役割の1つに過ぎないカウンセラーという役割をとる人間にとって，そのような葛藤から自由になるということは容易でない。人間の生死は平等であるというカウンセリングの原則が自殺防止の原則にもなる，ということを体現したカウンセラーの存在は尊い。

3──第2段階の危険に応じた対話の技術

第2段階とは，いわば危険のボーダーラインの段階であり，クライエントや当事者の「自殺」や「殺人」を語る言葉が単なるレトリックではなく，「確信」に基づいた「通告」のように聞こえる場合である。それはカウンセラーの側が体感（胸のあたり）で感じる実感であり，関係にかかわる重大なことであり，それが関係のなかで語られたという事実が同じように重要なことである。「死ぬしかない」「死にますよ」「殺すしかない」「必ず殺す」というような凝縮した言葉を受けとめることは，苦しい。

ある意味でこのような言葉は，関係を破壊し終焉させることにより，すべての事態を新たにしたいという「リニューアル」への意図ないし渇望である。現代の青少年の言葉でいえば，ゲームの「リセット」であり，そうしてもう一度やりなおすか，しばらく休むか，あるいは永久に休むかということが問題になっている段階であるといえよう。それがレトリックのように語られるわけではないので，事態が緊迫する。クライエントにとっての切実な「リセット」の試みが，カウンセラーにとっては「カタストロフ」（破局）への直進としか考えられないからである。

今やカウンセラーの社会的機能が危機に瀕していることになる。カウンセラーは今や自らの立場のサヴァイバルをかけて行動するしかない。自分を守り，相手を守るために有効なことなら何をやってもよい，あるいはそうするしかない。ただし，クライエントとの対話の関係の基盤を崩してしまっては元も子もない。ここで改めて，カウンセラーのクライエントへの理解の程度が問題になる。困惑する危機的な状況のなかで，カウンセラーがクライエントをどのように理解しているかが，クライエントにはよく見えてしまう。その時点でクライエントに言われることがきわめて重要なことである。それをまともに受けとめることができれば事態のリニューアルも夢ではない。

ギリギリの不安のなかで，カウンセラーがクライエントを見捨てず，等身大の自分を再発見しつつ関係の更新に役立つ新しい発想を思いつくことができれば，それはカウンセラーからクライエントへの最高の生きる知恵のプレゼントとなる。カタストロフに接近しながらも，危険をやりすごし，関係のリニューアル・オープンにこぎつけるための援助をクライエントはカウンセラーに要求している。自殺の危険のボーダーライン段階の恐ろしい局面に接しても，謎めいた事態を読み解く努力を放棄しないことが，カウンセラーの最大の課題といえよう。

4──第3段階の危険に応じる技術

第3段階の危険とは，その実態がつかめない恐ろしい事態のそれであるとしかいえない。フロイト，クライン風にいえば，「死の本能」が全面的に解発された状態であるということになろう。要は，よくわからない強烈な作用が抑えられない状態であるということになる。生理学的にいえば，脳の特殊な状態ということになろう。睡眠と服薬が何よりも重要であるということにもなろう。しかし，それだけとも言えないので難しい。社会的要因も大きいことはまちがいない。いろいろな議論は，いわば大きな象を大勢の人がなでて紛糾していることにたとえられる。

ここから諸領域の連携の必要が出てくる。非常事態であるので，一部の常識が通用しなくなることにもなる。「守秘義務」もその1つである。法律は守られる必要があるが，それ以上に人の命も守られる必要がある。あらゆる非常事

態においてそうであるように，ふだんは表面化しない確執が表に出てくる。いわゆる「バトルロワイヤル」（万人の万人に対する闘争）の事態が発生する。いわば究極の恐怖の精神世界である。一方，生き残れる力のあるものには，思わぬ味方が現れてくれることもある。

　心理の専門家の力も相対化される。家族や親戚，あらゆる領域の知人，医療関係者，福祉関係者，法律関係者，さらには宗教関係者などの総出の舞台が準備されることがありうる。人の命が危機に瀕しているときに，人間のドラマが演じられることになっても不思議はない。東洋的伝統にならって，自らの心・技・体の充実を心がけ，すべてが自分の師であるという境地を求めて自己鍛錬すべきである。これが大原則であるといわねばならない。ちなみに心とは信，新，真でもあり，技とは疑，擬，偽でもあり，体とは対，態，泰でもあるということを示唆しておきたい。これが技術の基本である。

3　専門機関における自殺行動への対応

　青少年の自殺行動に対処する専門機関としては，病院精神科や精神科病院などの医療機関，青少年のための相談機関，児童相談所，精神保健福祉センター，民間のカウンセリング施設，大学の心理教育相談室・保健管理センター・学生相談室などがある。いずれの施設にも精神科医や臨床心理士，ケース・ワーカーなどの専門家が配置されていて，それぞれの専門的立場からの対応がなされる。

　自殺は「隠れた神経症」といわれる。つまり，人は葛藤や不安の解決のために，症状や病気という形をとらずに，自殺行動を選択するときがあるという考え方である。したがって，自殺の願望や衝動をもつ人に対応する場合は，その人の葛藤や不安を解決することが本質的解決であると考える。つまり，自殺問題に対応する際には，自殺は防止されねばならない，防止しうるものであるという考え方に基づいていなければならず，自殺を勧めてはならないのである。専門機関においても当然そのような考え方で援助が行われる。

1──自殺防止と危機介入

　自殺は防止されねばならないという考え方のもとに，防止（prevention）と

危機介入（intervention）が行われる。この活動は救命救急システムとして病院などの専門機関で実施されるものと，ボランティア活動として行われる「いのちの電話」活動などがある。病院での対応は，まさに救命救急であり，未遂者の搬入，胃洗浄・救命医療が行われる。しかし現状では，これらは一般の病院の救急救命センターなどで対応されており，ロスアンゼルスの自殺防止センターのような自殺防止専門機関ではない。救命後のケアは，別の病院の精神科や精神科病院などによって実施されることが多い。

「いのちの電話」活動は，自殺防止を目的に，電話による防止活動で危機的状況に陥っている人を救い出すものであり，1971年に開始され全国の主要都市に設置されているが，ここでの活動は電話相談だけによるもので，実際の未遂者への直接的対応や救急は，医療機関と連携した対応になってくる。

電話による自殺の危機介入のポイント：電話で自殺願望を訴える人に対しては，①自殺の訴えを詳しく聴いて，その動機やイメージしている方法などを具体的に聞き出し，②自殺の危険度や緊急性を評価し，③共感的態度で感情表出を助け，相談員と関係づけすることで現実的対処を促す，ことなどが重要になってくる。

2——精神医学的な治療

うつ病や統合失調症などの精神障害や，境界例などの人格障害と自殺の危険は関連が深い。また，癌や糖尿病などの重篤な身体疾患と自殺との関連も大きい。背景にこのような精神障害や身体疾患の可能性がうかがわれる場合は，内科的治療に加えて精神医学的治療が必要になる。精神医学的治療では，自殺未遂がくり返される危険を防ぐために，入院治療が検討される。また，薬物療法も積極的に導入される。そして，各種の心理療法や認知行動療法，家族療法なども併せて用いられる。

（a）薬物療法

精神医学の臨床で用いられる薬物（向精神薬）は，大きく分けると，抗精神病薬，抗不安薬，抗うつ薬，抗そう薬，抗てんかん薬，睡眠薬となる。これらの多種類の薬が精神医学臨床では用いられるが，自殺行動の背景にみられる病態を評価したうえで，適切な薬物が医師によって選択される。つまり，統合失

調症には抗精神病薬を中心にした処方，うつ病には抗うつ薬，不安状態には抗不安薬が処方される。向精神薬は，副作用が伴うことがある。精神科臨床では，副作用の苦痛に耐えかねて自殺が生じたり，抗うつ薬が効果があって，うつ状態が回復しつつあるときに自殺が生じやすいという事実もあるから注意が必要である。また，患者自身が処方薬を管理するために，大量服薬などの自殺行動を生むこともあるので，薬の管理を家族に徹底するとか，致死量を処方しない，処方量を必要最小限にするなどの留意がなされる。

(b) 入院治療

自殺の危険性の高い人に対しては，医師や看護師，ソーシャル・ワーカー，臨床心理士など多くの職種によるチーム対応が適切である。このチーム対応が組織しやすいのは入院治療である。入院治療の目的は，入院という枠組みで生命の安全を保障すること，適切なアセスメントをすることで自殺の要因を明らかにし，薬物療法など適切な治療法を選択すること，治療スタッフとの人間関係を築くことなどである。

入院中でも自殺行動の生じる危険性がある。わずかな気分の変化などに気づくためには，スタッフによる詳細な行動観察と情報を共有するための検討会（カンファレンス）が必要で，表面に表れた行動のみに惑わされないで，常に自殺の危険度をチェックしておかなければならない。一方で，退院したときのための家族への働きかけが必要である。家族の不安を引き受けること，適切な理解や対応を求めること，自殺の危険度を察知できるようになること，などを目的にしたケース・ワークを行う。

3 ── 家族へのカウンセリング，家族療法

自殺の危険性の高い青少年の背景には，自殺の危険性の高い親がいると臨床的にはいわれる。青少年の心理的問題と家族とは密接に関係しているのは当然であり，家族システム論的に見ても，青少年の自殺行動が家族全体のバランスを取っているともいえ，家族へのアプローチが必要になる。家族自体の病理から青少年の自殺の危険度が高まっている場合がある。青少年の自殺行動に対応するためには家族全体の病理を理解して取り扱わなければならない。リッチマン（Richman, 1986）は，スケープゴートとしての自殺の危険性の高い人物と，

表3-3 自殺の危険の高い患者の家族の特徴
（Richman, 1986；高橋, 1992）

1. 必要な変化を受け入れる能力に欠ける
   a. 分離に耐えられない
   b. 共感性を伴わない共生関係を認める
   c. その後の愛着を犠牲にしてまで初期の愛着に執着する
   d. 悲哀を経験することができない
2. 役割と対人的な葛藤，失敗，病的な執着
3. 家族の行動の障害
   a. 閉ざされた家族のシステム
   b. 家族以外の者と親密な関係を持つことへの禁止
   c. 自殺の危険の高い人を家族内で孤立させる
   d. 家族全体の持つ脆弱性
4. 釣り合いが取れず一方的な家族内の関係
   a. 特殊なスケープゴート作り
   b. 二重拘束の関係
   c. 自虐的かつ加虐的な関係
   d. 両価的な関係
5. 感情の障害
   a. 一方的な攻撃のパターン
   b. 家族全体に認めるうつ病
6. 交渉の障害
   a. コミュニケーションの障害
   b. 極端な秘密主義
7. 危機に対する耐性の低さ

家族全体の力動について指摘している。つまり，家族はある特定のメンバーに自殺行動を取らせることによって，家族全体の問題解決を回避し，それによって家族の平衡関係を保とうとするというのである。彼は，自殺の危険の高い患者を抱えた家族の特徴をまとめている（表3-3）。

　このような考え方は，システム論的立場に立つ家族療法でも同様で，IP（患者と見なされている人）が自殺行動をとっている場合，IP以外の家族メンバー全体に治療的働きかけを行うことになる。その際には家族療法の種々の技法を用いることによって，システム論的に接近することになる。家族療法を実施する専門機関としては，民間のカウンセリング施設や大学の心理相談室，児童相談所，精神科病院などがある。具体的には，自殺企図者が相談機関に連れて来られた時点で，多くの家族に来所を促し，治療に協力してもらうことであり，家族全員が自殺行動をどうとらえているか明らかにし，家族間のコミュニケー

ションのあり方を把握するように努め，家族全体の精神的健康の回復を図ることである。

4 —— 認知行動療法

　認知行動療法はうつ病や不安障害，パニック障害，恐怖症，ストレス関連障害，摂食障害などの心理療法として有効であるといわれている。認知という現実の受けとめ方に注目し，そこに働きかけてストレスを解消させようとする方法である。「自動思考」という瞬間に頭に浮かぶイメージと，「スキーマ」という考え方の癖のようなものに注目し，思考や信念の検討を重視してそこに働きかける方法である。うつ病者や自殺願望者には次のような認知の誤りが認められるという（高橋，1992）。すべてに対して正反対の両極端の解釈を下す傾向（二者択一的思考），状況と自分との間に適切な距離をおくことができず，すべてを自己に関連づけてしまう傾向（自己関連づけ），情報を本質的な意味からほど遠い妥当性のないものにする傾向（過度の一般化），ささいな部位にこだわり，特定の部位の意味を過大に評価する傾向（選択的抽出），他人からの賞賛をありのまま受け取らず，自己を卑下する傾向（自己卑下），証拠が無いのに飛躍して結論を出す傾向（恣意的推論），最悪の結果を予測しがちな傾向（破局視）などである。これらの思考形態が認知の誤りを生むと考え，このような自動思考とスキーマをともに検討し，それを変更することや他の解決手段を見いだそうとすることが試みられる。

5 —— 精神分析的心理療法

　精神分析の考え方では，自殺への準備状態として，絶望感，喪失感，孤立無援感，自己嫌悪感，怒りの感情などを重視する。青少年の生育歴や現在の生活状況のなかに，このような感情が存在しているかどうか，そしてそのような感情が彼らにどのような意味をもっているかを明らかにすることが重要である。このような準備状態に怒りが内向するような形で自己破壊行動（自殺）が起こる，というのが精神分析的な見方である。

　精神分析的心理療法では，クライエントとセラピストの治療関係や転移関係に注目する。そして，自殺行動の見方としては，喪失感や見捨てられ感などを

重視する。自殺願望者は生育歴のなかでこうした愛情の喪失感や見捨てられ感を経験しているため，治療者に対しても転移関係としてそれを反映させる。何かの理由で治療者が長期の休暇をとるとか，交替するなどの出来事がきっかけになって，クライエントの見捨てられ感を増幅する結果，自殺行動が起こることがある。また，クライエントが無意識的にセラピストに攻撃的な言動を浴びせ，その結果，セラピストから嫌われるという形で転移関係が生じることもある。セラピストは自身に生じる逆転移やクライエントの行動の意味を精神分析的な理論の枠組みでとらえ，そこに共感や解釈的介入をしなければならない（Maltsberger, 1986）。

　専門機関で行われる自殺への対応としては，以上のように，精神医学的な立場からの入院治療や薬物治療，家族カウンセリング，認知行動療法，精神分析的心理療法，というような理論的立場からの接近が考えられるが，実際に青少年が自殺の危険を示した場合，つまり，強い自殺願望の表明や自殺未遂行為を行った場合，次のようなそれぞれの立場で，自殺の危険度の評価，自殺行動の背景に存在する精神障害や人格上の問題の評価，自殺行動をくり返す可能性の評価，周囲から得られる援助の可能性などが総合的に検討される。

　①スクール・カウンセラーによる対応：青少年の心理的問題に対して最も身近にいて相談できるのは，中学校などに配置されているスクール・カウンセラーであろう。彼らの多くは臨床心理士や精神科医であり，理論的立場はさまざまであるが，適切な対応が期待できる。本人への対応だけでなく，教師へのコンサルテーションや家族への指導助言も可能である。軽い自殺念慮や自傷行為であれば，スクール・カウンセラーの仕事の範囲で扱える。また，彼らは，専門機関や医療機関とも連携しやすい立場にあるため，問題がより重篤であれば，専門機関への紹介も容易である。

　②児童相談所や青少年の相談機関による対応：児童相談所や青少年の相談機関などでは，臨床心理士などの専門家が常駐している。また，精神科医も非常勤などで勤務している。そのため，それほど緊急性の高くない自殺願望者や未遂歴のある者にも対応できる。青少年本人に対しての継続的カウンセリングや家族へのカウンセリングも可能である。自殺の危険度が増せば，医療機関とも

連携しやすい立場にある。

　③精神科などの医療機関による対応：背景に精神障害が疑われる事例や薬物療法の適用事例では，初めから医療機関で対応される。また，自殺の危険度の高い青少年では，入院などの方法による保護や処置が必要になることがある。医療機関では薬物療法などが主となる。

　これらの専門機関には臨床心理士やカウンセラー，ソーシャル・ワーカー，精神科医など自殺問題に対応できる専門家が配置されていることが多い。ただ，専門家は精神保健のすべての問題にかかわっている人たちであって，自殺問題だけを取り扱うスペシャリストではない。彼らは，組織という枠組みの中で，前述のさまざまな治療の理論的立場に拠って仕事をしており，それぞれの考え方や立場から自殺問題に対して援助活動を行っているのが現状である。

第2節

自殺に接近する青少年への対処方法

1 自殺予防教育

1──自殺予防教育はなぜ必要か？

(a) わが国の自殺者数の急増とそれが個人・社会に及ぼす影響

　第2章に詳述されているように，これまで2万人台を推移していた日本の年間自殺者数は平成10（1998）年に3万人を超えて，その後も横ばいの状態が続いている（警察庁，2003）。

　また，自殺は本人にとって取り返しのつかない悲劇であるだけでなく，その遺族や周囲の人々に対しても大きな悲しみをもたらし，死別からの快復を困難にするものである。なぜなら，自殺には強烈なメッセージが含まれているため，病死や事故死以上に，複雑な感情を遺された人々のなかに呼び起こすからである（高橋，2001）。

　さらに，自殺からかなり長期間が経過した後に，遺族や周囲の人々にうつ病，不安障害，ASD（急性ストレス障害），PTSD（心的外傷後ストレス障害）を生じて精神科治療が必要となることもある。最悪の場合には，ある1件の自殺に引き続き複数の自殺が連鎖的に生じる群発自殺（cluster suicide）という現象が起きることもあるという（山下，2004）。

　以上から，ある個人の自殺が本人だけでなく，その家族や周囲の人々，さらに社会に及ぼす有形無形の影響には計り知れないものがあることが理解されよ

う。

(b) 自殺予防に関するわが国の動向

このような事態を受けて平成14 (2002) 年,厚生労働省に自殺防止対策有識者懇談会が設置され,同年12月には「自殺予防に向けての提言」(自殺防止対策有識者懇談会,2003) が提出された。そこには,自殺予防対策の提言として,「実態把握」「普及・啓発や教育」「危機介入」「事後対策～自殺未遂者や自殺未遂者・死亡者の家族,友人等の周囲の者に対する相談・支援～」「その他」の項目がみられる。

また,自殺はうつ病と密接に関連しているが,自殺者のうち精神科を受診していたのは1割に過ぎない。ところが,約半数は内科をはじめとする他の診療科を受診していたという。したがって,精神科以外の医療者がうつ病に対して理解を深めることが自殺予防の一助となると考えられる(高橋,2004)。そのため,『自殺予防マニュアル』(日本医師会,2004) が日本医師会会員16万人および平成16 (2004) 年3月の医学部卒業生全員に配布されている。

これらはいずれも,自殺予防における啓発・教育活動の重要性を示唆するものであろう。

ところで,現在のわが国における自殺予防対策の実施状況はどうであろうか。竹島ら (2004) が都道府県・政令指定都市 (以下,県と略記) を調査したところ,平成14 (2002) 年度に自殺の実態について何らかの資料を作成した県は35県 (59.3％),健康日本21地方計画に自殺予防の数値目標を記載した県が29県 (49.2％) であった。ところが,自殺予防対策を実施していたのは8県 (13.6％) に過ぎなかったのである。

これらのデータから,各県の自殺予防対策への関心の高まりは読みとれるが,わが国の自殺予防対策の現状は,いまだ「模索的な段階」(竹島ら,2004) であるといわざるをえない。

2 ── 青少年に対する自殺予防教育の必要性

(a) 看過できない青少年の自殺

近年の自殺者数増加は,おもに50歳代の男性を中心とする中高年層の自殺が増加したためである。しかし,だからといって青少年の自殺が看過されてよ

いというものではない。年代別死因順位によると，15歳から24歳では「自殺」が「不慮の事故」についで2位となっており，青年期の死因として，自殺はきわめて重要な位置を占めているからである（榎本，2000）。

また，中学校教員を対象とした，学校現場で体験した危機についての調査（上地，2002）によると，中学校教員の17％が生徒の自殺を，35％が生徒の自殺未遂を体験していた。すなわち，中学校教員のほぼ半数以上が生徒の自殺か自殺未遂に遭遇していることになるのである。

なお，青少年の自殺率はピーク時に比べて低下しているとはいえ，自殺の代理症ともみられる青少年の問題行動，特に自己破壊的行動（手首自傷，拒食・過食，家庭内暴力，ギャンブル，性的逸脱，シンナー等薬物乱用，非行・犯罪行為）はけっして減少していないという（長岡，2002）。したがって，青少年のメンタルヘルスが向上して自殺率が低下したわけではなく，いつ，何が契機となって青少年の自殺者数が急激な増加に転じるか，予断を許さない状況が続いているのである。

(b) 情報社会における青少年と自殺問題

マスコミ報道などの影響によって群発自殺を生じやすいのも青少年の特徴である（高橋，1999a）。たとえば，女性アイドル歌手の飛び降り自殺の過熱報道によって生じた青少年の一連の自殺や，マスコミによる「いじめ自殺」報道とその後の中学生の連鎖的自殺などがその典型例であろう。

また，『完全自殺マニュアル』（鶴見，1993）などによる致死率の高い自殺方法の流布や，インターネットの自殺系サイトで知り合った者どうしの集団自殺事件などを見ると，メディアを通じて歪んだ自殺情報にさらされ，究極的には自殺遂行そのものにすら容易に"アクセス"できてしまうという現状の問題点が浮きぼりにされる。

そこで，まず新聞，雑誌，テレビ，ラジオ，インターネットなどの情報メディアには，群発自殺を助長するような過度の自殺報道や歪んだ情報を排除し，自殺予防に資する正しい情報を普及・啓発することが求められる。一方，情報の受け手であるわれわれには，多様化するメディアや情報とのかかわり方を習得すること，すなわち玉石混淆の情報を鵜呑みにせず，自ら批判的に考え，行動する姿勢を育むことが求められる。

（c）自死遺児に対するケアの必要性

親を自殺で亡くした20歳未満の子どもである自死遺児は，平成12（2000）年現在，9万人と推計されている。西田（2003）によれば，自死遺児は自分の親の死因が自殺であると友達にも語れないような，深い心の傷をもつという。そこには，自殺を「忌まわしい死に方」「弱いものの死」「身勝手な死」と見る社会の目が影響している。さらに，自分が親の自殺を止められなかったという後悔，親に「棄てられた」という遺棄感，恨み，悲しみ，答えのない問いに始終さいなまれ，心の安定感が大きくそこなわれているのだという。

近年の中高年層の自殺者数増加は，その子どもや孫の世代である青少年にも大きな影を落としているのである。

③ 学校現場における自殺予防教育―実践的研究から―

このような危急の課題に直面しながら，わが国の学校教育におけるシステマティックな自殺予防対策はきわめて未成熟である。だが，そのようななかでも，学校現場での積極的な自殺予防教育の試みが報告されている。

（a）高橋（1999a）の自殺予防教育プログラム

高橋（1990a）によれば，カリフォルニア州では1984年から高校での自殺予防教育が始まり，現在では州の大部分の高校で自殺予防教育が何らかの形で実施されているという。このような背景には，家庭の崩壊，アルコールや薬物乱用の若年化，経済の停滞，ベトナム戦争敗退による国家の威信の失墜といった，当時のアメリカの社会的背景による青少年の自殺率の増加が影響しているといわれている。

さらに，アメリカの高校生の60％に希死念慮がみられるという研究がある。また「死にたい」という気持ちを誰に伝えるかという別の調査に対しては，8割から9割の高校生が同級生の友人と答えており，教員や親に相談すると回答したものは少数だったという。そのため，アメリカでの青少年の自殺においては，本人自身やその相談を受けた友人が自殺の危機をどう扱ってよいかわからず，さらに事態を困難なものにしてしまうといった悪循環が引き起こされていたものと考えられる。そこで，青少年の自殺予防のためには，学校において，生徒自身を対象とした自殺予防教育を行わなければならないという発想が出て

表3-4 教員を対象とした自殺予防プログラムの内容（高橋，1999a）

1	青少年の自殺の実態	8	家族の病理
2	自殺に関する誤解	9	群発自殺
3	現代の青少年の抱える問題	10	教師にできることと，できないこと
4	さまざまな原因からなる青少年の自殺	11	死や自殺に対する自らの態度を明らかにしておく
5	自殺の危険因子		
6	自殺行動に及ぶ直前の危険兆候	12	地域にどのような精神保健の関連機関があるだろうか
7	どのようにして自殺の危険の高い生徒に援助の手を差し伸べるか		
		13	自殺の危険の各段階の対処法
		14	質疑応答

きたのだという。

このカリフォルニア州のプログラムを参考にして，高橋（1999a）は日本向けに独自の実践プログラムを作成している。

なお，自殺予防プログラムの実施時期は，①プリベンション（prevention：ただちに自殺の危険が迫っているわけではないが，その原因などを事前にとらえて自殺予防する），②インターベンション（intervention：今まさに起こりつつある自殺の危険に介入し，自殺を防ぐ），③ポストベンション（postvention：不幸にして自殺が起こってしまったとき，ほかの人々に及ぼす影響を可能な限り少なくする対策をとる）の3段階に分けられるが，本プログラムはプリベンションに焦点を当てたものである。

欧米のような生徒を中心としたプログラムの実施が理想であるが，わが国の現状からは抵抗が予想される。そのため，高橋（1999a）は，青少年と日常的に接している学校の教員にまず正しい知識をもってもらうことが，手始めとしては現実的であると考えている。そこで，ここでは教員のための自殺予防プログラムの内容を表3-4に示した。

(b) 小・中学校における自殺予防教育の実践

橋本（1995；1998a；1998b）は，教員という立場から実践報告として，小・中学校における自殺予防を次の2点から論じている。それは，連鎖的に自殺者が出た場合（群発自殺）への取り組みとしての「短期の自殺予防」と，学校生活で不適応を起こしている人への対応としての「長期の自殺予防」である。

短期の自殺予防として，明らかにふだんの状態と違う生徒を教員が発見した

場合，担任から保護者にカウンセリングを勧めることは重要であろう。だが，それに対して保護者のほうが反発するという現象がときにみられる。担任としては状況をよく見て勧めたことが，保護者からは反発を受けるといったことは学校現場では少なくないのである。橋本（1995）は，これを「意欲のすれ違い」とよび，「もう一歩踏み込んでどのように話したら相手にどう受け取られるだろうと考えることは重要だと思う」と述べている。

　また，いじめ，不登校，学業不振など，学校現場における不適応は，自殺の引き金のひとつとなる心理的な圧力となりうる。そこで，橋本（1995）は学校における不適応への対応，とりわけその代表ともいえる「不登校への対応」が長期的な自殺予防につながると考えている。そのためには「学校内のチームつくり」や「専門機関との連携」が重要となるという。

(c) 中学校教員を対象とした自殺予防プログラム

「生徒に自殺企図や自殺念慮が生じたときに，適切な生徒支援がなされるためには教員自身の自殺に対する正しい知識や理解，教員間での協働が可能となるような共通理解や連携が何より重要である」として，阪中（2003）は中学校教員を対象とした自殺予防プログラムについて報告している。そこでは，自殺予防に果たす教員の役割として，次の4つがあげられている。

①教員が生徒の「救いを求める自殺」を少しでも察知することができるようになること。
②具体的援助を行うこと。
③学校内だけで対応するのではなく，児童相談所，教育研究所や教育センターの相談部，心療内科・精神科・思春期外来などの外部の専門機関と連携がもてるようにすること。
④すべての生徒を対象に，自殺予防教育を実施すること。

　そして，カリフォルニア州の自殺予防プログラムをモデルとして日本の学校現場の実状に即して改良したプログラムを所属中学校で実施したところ，教員向け自殺予防プログラムの必要性については教員の83％が「必要である」と回答し，「どちらかといえば必要だ」を加えると97％に達したという（阪中，2003）。

4 ── 終わりに ─「自殺予防教育」から「いのちの教育」への架け橋─

吉田（2000）は，自殺予防教育について，「自殺というブラックホール」を避けるだけではなく，喜びに満ちた明るい世界，いわば「ホワイトホール」へと導く教育を考える必要があろうと述べている。すなわち，自殺について教える教育よりも，心の底からの湧きあがるような深い生きる喜びである「生きがい感」を，それぞれの現在の境涯において力強く育てる教育こそが，最高の「自殺予防の教育」であるというのである。

わが国では，自殺の予防・防止自体がいまだ不十分であり，それが危急の課題である。だが，とりわけ学校現場での自殺予防教育を考えるとき，いかに一人ひとりの青少年が自らの生きがい感を育むか，またそこに教育がどのように寄与しうるかという課題も今後，不可欠となろう。

「自殺しないこと」から，さらに「よりよく生きること」を志向した教育へ。このような視点のシフトは，生涯教育としての「死への準備教育」，さらには「いのちの教育」へとつながっていくものである。

2 危機介入の実際

1 ── 事例を通して

青少年に自殺の危険が迫っているとき，家族自身もさまざまな問題を抱えていて，青少年の救いを求める叫びに気づいていない場合もしばしばである。学校で生徒が示した言動の変化に教師が敏感に反応して，生徒ばかりか親も救いの手を差し伸べられることがよくある。そのような典型例をあげて，危機介入の実際を解説していこう。

> 【事例1】（14歳，女子）
> ＜絵に表された危機状況＞
> 学校でのある出来事がきっかけになって，危機的状況に気づかれた。
> 生徒は私立中学校の2年生だった。授業中に外国人教師が英語でいくつかの簡単な指示を生徒たちに与えた。そのうちのひとつは，自分の姿を絵に描くようにというものであった。
> 皆が無邪気にはしゃぎながら自画像を描き始めた。ところが，この生徒の絵だけは他の生徒とは明らかに異なり，ひどく不気味なものだった。黙々と描かれた絵は，胴体か

ら手足と頭がもぎ取られ，首から赤い物が吹き出し，顔は黒くぬりつぶされて表情がなかった。教師は一目でその絵が尋常でないことに気づき，その意味を説明してくれるように生徒に頼んだ。しかし，生徒は黙りこくったまま，悲しげな眼差しで教師を見つめ，口を開こうとはしなかった。

　たまたま筆者はその外国人教師と知り合いだった。教師が筆者に連絡を取ってきたので，次のように助言をした。

　「絵が心の深い部分を表現することはめずらしくはありません。生徒の隠された攻撃性や衝動性を表している可能性も簡単に否定してはならないと思います。まず，担任の先生に教室での出来事を知らせた上で，最近の家庭の状況，学校でのようす，友達との関係などについてもう少し話し合ってみてください。絵のもつ意味がもっと詳しくわかってくると思います」

　＜最近の生徒の家庭状況＞
　外国人教師は担任の教師と話し合い，生徒が置かれている現在の状況を把握した。その結果，生徒の最近の状況が明らかになった。

　生徒は一人娘で，お父さん子だった。しかし，半年前に両親が離婚し，生徒は母親と2人で暮らしていた。そもそも実家から反対された結婚であり，母親は実家に援助を求めることもできなかった。前夫からの生活費の支払いも最近では滞りがちだった。そこで，母親は朝から晩まで働き，娘といっしょに過ごす時間はほとんどなかった。

　生徒は，父親が愛人をつくって，家を出たことに失望し，母親と自分は父親から捨てられたのだと感じていた。また同時に，離婚を父親と母親の間の問題ととらえられずに，「自分さえよい子にしていたら，今でも両親といっしょに仲良く暮らしていけたはずだ」と思い，自分を責めて，悩んでいた。

　さて，母親は生活費を捻出するのに忙しい毎日を送っており，離婚に対する娘の反応にまで配慮する余裕はなかった。忙しく働いている母親の姿を見て，自分さえいなければ，これほど母親が苦労することもなかっただろうと生徒は考えていた。そして，自分たちのもとを去った父親のことばかり毎日思い浮かべていた。

　＜くり返される自己破壊行動＞
　最近では，食欲もなく，睡眠も十分に取れず，「自分さえいなければ」といった気持ちにとらわれていた。体重も減り，以前の明るさが失われていった。学校には何とか休まずに通っていたが，同級生たちとの交流もほとんどなく，成績も下がり気味であった。

　その学校は裕福な家庭の子弟が通う学校と思われていたが，そのなかで自分のことを「醜いあひるの子」のように感じていた。首をくくろうとしたり，母親の鎮痛剤を多量に飲んで自殺を図ったが，近くの救急病院で秘密裏に処置された。

　あるとき，インターネットで手首を切る人々のホームページを見つけて，自分と同じような境遇の人がいることに驚いた。たまたま机の上にあったカッターナイフが目に入り，それを取り上げて，手首に当ててみた。うっすらと切り傷ができたが，皮膚を浅く

傷つけただけで血も出なければ，痛みも感じなかった。さらに，もう少し深く切りつけた。血が滲んできたが，痛みを感ずるどころか，かえって，それまでの不安や緊張感が一挙に薄れる思いさえした。

　手首を切ると，心配事が一時的には薄れるように感じた。死ぬことはけっして恐ろしいことではなかった。呆然と時間が経っていった。ふと気づくと，周囲の状況はまるで変わっていない。しばらくすると，また，追いつめられ，打ちひしがれた状態に戻っていった。救いを求める叫びは聞き入れられず，さらに絶望感が強まる結果になってしまった。

　同じころ，中学生の「いじめ自殺」が連日のようにテレビや新聞で報道されていた。「私と同じように死にたいと思っている子がほかにもたくさんいるんだ」「思ったより簡単に死ねる」「私が死んでも，みんながあんなに悲しんでくれるかしら」「自殺してしまえば，苦しいことは何もなくなる」などと生徒は思ったという。

　自傷行為がくり返されるため，救急病院の医師は精神科に受診させるようにと母親に強く助言したが，母親はかたくなに拒否した。母親もいったいどのように娘に対応してよいかわからず，もって行き場のない怒りを直接娘にぶつけることもしばしばだった。

　生徒の置かれた最近の状況の概略を，外国人教師は数日後に再び私に知らせてきた。そこで次のように助言した。

　「不気味な自画像や自殺未遂は絶望のなかで必死に救いを求める叫びであると考えてください。けっして軽くみてはいけません。なるべく早く精神科治療を受ける必要があります。自殺の危険はかなり高いと考えるべきです。本人の治療と並行して，母親も含めた家族療法が必要になるでしょう。母親も本人も精神科治療に抵抗を示すかもしれませんが，学校としては，精神科への受診を粘り強く勧めてください。その間，学校では，教師がその生徒に今まで通りの関心を示し続けて，暖かい目で見守ってください」

　＜母子ともに精神科治療を受け始める＞
　そして，担任や外国人教師を通じて，母と娘がともに精神科に受診するように時間をかけて説得された。母親は離婚後の状況のなかで，毎日の生活だけに目を奪われていたことを認めた。精神科に受診する必要があると感じていたものの，どうしたらよいかわからなかったと言い，この段階に至ってようやく教師たちの説得に応じたのだ。母子ともに同じ病院の精神科に受診し，担当医は別々であったが，並行して治療を受けていった。

　この生徒に対する精神科診断はうつ病として問題ないだろう。しかし，単に抗うつ薬を処方すれば，そのうち症状は改善するといった単純なものではない。幼いころから抱いていた自己不全感，両親の離婚に対する自責感，問題を抱えた時に適応力の低い手段で解決を図ろうとする衝動的な傾向，などに時間をかけて精神療法的にアプローチしていかなければ，自殺の危険に対する真の解決

策にはならない。

　また、すでに他の章でも述べたように、青少年の自殺の問題が家族内の病理の一症状として表れていることは珍しくない。「自殺の危険の高い子どもの背後には自殺の危険の高い親がいる」「自殺の危険の高い親の背後には自殺の危険の高い子どもがいる」という言葉を忘れてはならない。

　現時点で問題行動を呈している青少年だけを対象に働きかけたとしても、真の治療には結びつかないことが多い。この生徒の場合も、母子を一単位として治療に導入する視点がなければ、自殺の危険から救い出すことはできないだろう。

2 ── 解説

　この事例では、しばしば自殺未遂を認めたものの、母親がその深刻な事態をなかなか認めようとしなかった。そして、授業中に教師が、偶然、生徒の希死念慮に気づき、精神科的介入に至ったものである。幸いこの例では、教師から精神科治療を受けることを説得されて、母親は最後にはその助言を受け入れたが、必ずしもこのように事が運ぶとは限らない。時には、援助を差し伸べられても、親がかたくなに拒むことさえある。そのような場合にも、教師や学校はすぐにあきらめずに、差し迫った危険を粘り強く説明していく。そして、どうしても親が聞く耳をもたない場合には、親もこの人の意見ならば受け入れるといったキーパーソンを探し出して、働きかける工夫をする必要もある。また、児童相談所などとの連携が必要になることもあるだろう。

　さて、この生徒は両親の離婚に対して、その責任はすべて自分にあると思い込み、ひどく自分を責め、抑うつ症状を呈するようになっていた。そして、離婚後の家庭の混乱のなかで自殺を図った。その後も周囲の状況はまったく好転しなかった。

　親の離婚といった家族の問題を子どもが自分に関連づけて解釈することは、この年代ではめずらしくはない。高校生くらいの年代になっても、親の離婚について子どもが自分に責任があるなどと感じて、ひどく自分を責めたり、抑うつ的になったりすることはしばしば認められる。

　この生徒の場合、絶望的な状況で描いた一枚の自画像が、生徒に強い関心を

抱く教師の目に止まり，助けの手を差し伸べられる第一歩となった。生徒の日常生活のわずかな，しかし重大な変化に最初に気づき，教師が重要な介入の一歩を開始することはしばしばある。ここには，絶望的な状況のなかでも一条の希望の光が差し込んでいる。

　さて，最近では，学校で生徒の自殺が起きると，「いじめ自殺」の大合唱となる。マスメディアは学校の落ち度を攻撃し，保護者も同様に学校を責める。そして，学校側は懸命に自己弁護に走る。そんななかで，残された数多くの生徒たちは心の傷のケアもされずに，放置されてしまう。これが青少年の自殺が起きたときの現状ではないだろうか。

　ところが，この事例のように，生徒の救いを求める叫びを教師が正面から受けとめて，生徒だけではなく，親にも援助の手を差し伸べたといった例を筆者はしばしば経験している。この外国人教師は特に心理学の訓練を受けているわけではなかった。ごく常識的に対応し，真摯な態度で生徒や母親に接していったのだ。親自身も自分の問題で手一杯になってしまっていて，娘の抱える問題に薄々気づいていても，それにどのように対処したらよいかまるでわからなくなっていたというのが現状であった。

　これもすでに注意を喚起した点であるが，手首を切る，薬を少し余分にのむといった行為であっても，けっして軽視してはならない。本気で死ぬつもりであった自傷行為と，単に周囲の人々を振り回わそうと思っただけで，本人は真剣に死ぬつもりはなかった自傷行為を分けようという試みは以前からなされてきた。たとえば，英国の精神科医クライトマン（Krietman, N.）はパラ自殺（parasuicide）という概念をかつて提唱した。要するに，実際に死ぬつもりのない自傷行為と，本当に死ぬつもりであったが未遂に終わった行為とを区別しようとした。薬を少し余分にのむ，手首を浅く切るといった，それ自体では死ぬ危険のない自傷行為をパラ自殺と呼んだ。しかし，クライトマン自身が，パラ自殺に及んだ人を長期間追跡調査したところ，現実には，一般の人よりもはるかに高い自殺率を示すことがわかったのだ。

　ともかく，自らを傷つける行為に及んだということは，たとえその場では命を落とすことにならなかったとしても，将来，実際に自殺が起きてしまう危険を示す非常に重要なサインであるととらえなければならない。自らを傷つける

という一線を越えてしまった人は，自己保存の能力が下がってしまった状態にあり，再び自傷行為に及ぶ危険性が非常に高い。次には，さらに危険な方法を取り，命を失うという結果につながりかねない。このような危険を念頭において，自殺未遂があった場合は，必ず専門の精神科医による診察を受けて，危険度を判断するとともに，必要な治療が受けられるように手配しなければならない。

3 自殺未遂後の心のケア

1──自殺未遂者とは

　自殺未遂者には2通りある。生命を落とす確率の高い手段で自殺を試みたか，それとも低い手段で試みたか。通常であれば命を落としていたにもかかわらず，偶然の幸運が重なって，自殺が失敗に終わる場合がある。一方，致死量を超えない大量服薬や手首切傷などは，命を落とす危険性は低い。こうして生命を落とす確率の高低により，両者を区分する考え方があった。しかし近年この区分の有用性に疑義がもたれ，廃止の傾向にある。

　自殺未遂者についてより重要なことは，次のことである。自殺未遂者は，命を落とす危険性の低い手段をいつまでも選択し続けるわけではない。「まず手首を浅く切る，薬を余分に飲むといったそれ自体では死に結びつかないような自傷行為であっても，将来再び自らを傷つけ，実際に命を失う危険が高いことを忘れてはならない」（高橋，2003a）。したがって，自殺未遂後の心のケアが必要になる。

2──青年期の攻撃性の発現と大人の対応

　青年の側で自殺の試みが攻撃性の発現であると自らに意識されることは少ない。攻撃性を意識できる。さらに，心の中の何かを破壊したい気持ちとその気持ちの言動による発現とを結びつけることができる。こうした青年は，あまり自殺を試みることはしない。この結びつきを青年に感じさせることが，自殺未遂後の心のケアの基本である。

　事例の断片を紹介する。次の事例は，心理療法の実践者であれば必ず経験することである。筆者は，手首を自ら傷つける青年期女性の心理面接を依頼され

た。日常生活は比較的規則正しく営まれており，専門学校での学習もしっかりこなされていた。セラピストとなった筆者は，なるべく退行させないで，手首自傷を減少させる方法を考えて，実践した。自傷後の心情をしっかり聴いたあと，自傷の頻度を明らかにした。1週間に4ないし5回がこれまでの頻度であることがわかった。これを，1週間ごとに1回ずつ減少させることをセラピストが提案した。クライエントは安堵の表情でこれを受け入れた。自傷を心の内面と関係づけられることを心配しており，これをセラピストが取り上げなかったことから来る安堵であった。次に筆者は自傷した日の出来事を尋ねた。特に，クライエントの攻撃性の抑制に焦点を絞って質問を続けた。まず，不満を多少自覚させた。次に腹立ちを少しずつ意識させて，その腹立ちを「当然のことと思う」と支持した。しだいに，「言いたいことが言えない，我慢している」「言うと独りぼっちになるので言えない」「私が言わないでおいて，丸くおさまればそれでいい」といった答えが返ってきた。セラピストは，「本当は何と言ってやりたい？」と質問をした。クライエントは，最初のころは答えを躊躇した。当然のことである。しかし，しだいに「私は悪くない，あなたの失敗でしょう」「そこまで言われたくない」「何で私ばかりなのか」と表現できるようになった。こうした試みとは，関係ないかのように，一方で手首自傷の頻度を尋ねていった。しだいに頻度は少なくなった。面接開始から2か月が経っていた。3か月目の終盤では，1か月に1度の自傷に減少していた。そこで「不思議だね。不満をここで口に出したら，手首のことが減ってきた」と，セラピストがクライエントに投げかけた。クライエントは直接の結びつきには言及しなかった。しかし，「自分のせいばかりにしないで，不満や嫌なことを何らかの形で口にすることが大切だと思う」と，自傷を少なくすることとは比較的無関係に，攻撃性を表現することの意義を認めた。セラピストは「手首を傷つけることは，不満や嫌なことを言えないでいることの信号になるかもしれないね」と教えた。クライエントはこれを受けとめた。次に「苦しいことやつらいことは行動ではなく，言葉や何らかのサインで伝えるように」（青木，2001）要請した。手首自傷はその後3か月あまり1度も実行されなかった。そこで，面接をいちおう終了とした。

　大人は自殺の試みを何かの異変と感じ取る。これを青年の破壊と感受する。

そういう大人が一般的であろう。しかし，青年の攻撃性の発現と大人の感受がうまく結びつかない。青年の「何かを破壊したい」動きは，人と人との結びつきを断つ方向である。大人は結びつきを求める。この正反対の2つの動きが出会う時，大人の結びつきを求める動きが，青年からすれば「支配」に取られやすい。大人に「破壊される（牛耳られる）力」を感受せざるを得ない。この「支配」を自覚しながら，結びつきを深めていく。自殺未遂後の青年とのかかわりでは，専門家にこうした営みが要求される。こうした営みが成功すると，青年の側の断つ方向の裏側に秘められた依存心が働き，専門家と青年との間につながりができてくる。このつながりは，たぶんに両価的である。専門家は両睨みで関係を続けていく。しだいに青年のほうにもこれが自然と可能になれば，対応は半ば成功したといえる。先の事例でのクライエントの安堵の表情がこのつながりを暗示していると思われる。

　実は，破壊とは逆の，結びつきを求め，自己の創造を希求する動きが，青年のなかには生まれている。破壊する，関係を断つ動きと創造する，結びつきを求める動きが，青年のなかで混在していると考えられる。その混在が「ややこしいこみいった事情」の根拠となり，「とても大人には伝わりはしないというやりきれない気持ち」（青木，2001）につながるのかもしれない。

3 ── 事例「自分を取り戻す旅」

　ここで事例を提供する。匿名性を保つために，テーマの本質とは関連しないところで事実を修正した。この事例を素材にして，自殺未遂後の心のケアについて解説する。

> 【事例2】
> ＜出会い：自殺した父親のこと＞
> 　A子は知人の依頼を受けて，セラピストが会うことになった女子大学生である。「大学をやめたい。入学当初は新しい環境に新鮮さを感じ，新しい友達とのつきあいに戸惑いながらも楽しく過ごした。少しずつ自信が出てきたところで，信頼しつつあった友人が私とのつきあいを嫌がり始めた。しだいに独りぼっちになり，授業に出るのが億劫になった」と，ぽつりぽつり話し始めた。
> 　元気よく話すことで自分を隠している感じがする。自分が高校生のとき父親が自殺したことを友人に話した。父親のことをまわりの人たちは深刻に受け取りすぎる。もうそ

んなに深刻に感じない自分との間で「ズレ」を感じてしまう。
　夢を見たので話したいと言う。
　夢：Bさんが果物をもっている。私は「おいしそうだ」と思い，手を伸ばす。しかし，梨は手からするりと抜けてしまう。「食べたいなー」と思ったところで目が覚める。
　夢の連想：梨は大好き。高校時代友人から梨を5個もらった。1個自分が食べた。残り4個を父親にあげた。父親とは果物の硬さの好みが似ている。

　＜Ⅰ期　家族のこと　祖母と母親と私のこと＞
　母親と祖母の仲がよくない。間に立つ父親は何も言わなかった。どちらの側にもつかなかった。父親はおとなしくしていた。私が父親の代わりになって言ってやっていた。特に祖母を非難した。祖母は要望だけ言って自分では何もしない人である。一方，母親は一方的にまくしたてるタイプである。
　高校生の妹が家出した。そのことで，母親と祖母が言い争った。祖母は「学校に行かないで，何をしている」と，帰ってきた妹を非難した。母親は「帰ってきただけでいい，生きているだけでいい」と諭した。私は祖母に「学校のことは妹に言わないで欲しい」と訴えた。母親が祖母に言いたかったことを代わりに私が言ったのである。これに加えて「私はお母さんにつく」と祖母に宣言した。
　母親と私は同じ服を着たりする。しかし，学校であったつらいことなどは母に話せない。中学3年間，いじめられていたが，ずっと耐えた。絵を描くことだけが頼りだった。美術部だけが頼りだった。
　父の命日が近づいた。すると必ず祖母が不安定になる。あれをしなければこれをしなければと，とりとめがなくなる。これを誰も止めることができない。私はこうした雰囲気が耐えられないので，公園に行って小説を読む。ふと父親のことを考える。父親のところに行きたくなる。この前もふと死のうかと思った。その道具を探そうとした。小鳥の声でふと我に返った。こうしたことを誰に話すわけにもいかない。妹に言うわけにはいかないし，兄に言う気はしない。母親は不安になってまくしたてる。
　箱庭：真ん中やや上部に「家」を置く。その下方に，左から「雄ライオン」「さそり」「象」を横並びで置く。そのやや下方右手に「シャムネコ」を置く。さらに，「家」の左横に「雄ライオン」と「雌ライオン」を置く。置いた後のセラピストとの会話で次のことを話す。家の下の雄ライオンは母親，その右のさそりは妹，その右の象は兄，シャムネコが私であると。猫は自室で飼っている。兄は父親の死後猛烈に食べて，象のように太った。セラピストは，雄ライオンが母親とは，どういうことだろうかと思った。
　私はやりたいことが見つからない。何かをやり遂げることができない。絵を描いても母親から「あなたの絵はイラストね」と認めてもらえない。ピアノも高校受験のとき受験を優先してやめた。ものにできなかった。学力は兄や妹に比べてかなり低い。
　箱庭：中央右手に，「ベッドの眠れる少女」を置き，まわりを木で囲む。その左手には「花壇」と「家」「椅子」を置く。
　箱庭の後の話し合い：誰にも邪魔されず眠りたい。最近よく眠っている。

＜Ⅱ期　自殺の試みの告白と立ち直りの始まり＞
　大学に行かないで，先日公園を散歩した。「私はいらないか」との思いが散歩中ずっとあった。トイレに入り，死のうとした。辺りを見回し，いったん入ったトイレから出て，死ぬために使えるロープを探した。ビニールのひもを見つけ，トイレに入った。今考えると，あんな細いひもでは自殺することは無理だと思うが，そのときは死ぬつもりであった。トイレに入ったら，自殺した父親のことが思い出された。「お父さんが見守ってくれる」と思った。結局死ななかった。トイレから出て，携帯電話で「私はいらないんでしょう」と母親へ電話した。母親は「そこは処刑場だったところ，霊がさまよっている，早く帰ってきなさい」と号泣した。私は仕方なく自宅に帰った。その１週間後，母親にもう一度「私はいらないんでしょう」と質問した。母親は「子ども３人平等に愛している」と答えた。私も母親も真剣であった。
　箱庭：筆者が勧めると，一瞬躊躇するも，拒否することなく，置き始めた。砂場の中央に雄のライオンを置き，その下方５センチほどのところに，眠った女児の人形を寝かせた。木や建物がライオンと人形のまわりに置かれた。
　筆者が感想を求めると，ほんの少し眺めたあと「ライオンはお母さんを感じる。とても大きくて恐ろしい。母親に向かって，お母さんはライオンのようよ，と言ったことがある」と答えた。筆者が横になっている人形について印象を求めると，「眠っている自分」と教えた。これを聞いた筆者は「この後この人形に，さわやかな目覚めが訪れるのか，それとも眠ったまま永遠に起きないのか」と連想した。筆者が連想している途中で彼女は「人形を見ていて，自分がとても疲れていることがわかった。私は眠りたいんだと思う」と答えた。ライオンのことを言った時と比べて，明らかに張りのある声であった。

　この事例はこの後ずっとカウンセリングが続くことになる。しかし，ひとまず自殺についてはおし留められている。

4──自殺未遂後の心のケア

　自殺したい気持ちを最も伝えたい人に，自殺行為ではなくて，自殺行為以外の手段でその気持ちを伝える。このことが，自殺未遂後の具体的目標になる。この具体的目標を可能にしていくのが，心のケアの基本であるように思う。A子は自殺したい気持ちを最も伝えたい母親に伝えている。伝えることができたことに，それまでのセラピストとのかかわりがいく分たりとも影響している。セラピストは，クライエントの要求を汲み取りながら側にいることを心がけた。熊倉（2000）のいう「ふれて，ふれられる」相互関係になっているのかもしれない。そうした関係は，何も自殺未遂後の対応に限ったことではないのかも

しれない。どちらにせよ自殺未遂後の人にとって，その気持ちを多様に理解してくれる人とのつきあいを続けていくことが，自殺したい気持ちをセラピスト以外の人にも伝えることを可能にしていくと思われる。

　最終的にはそういう人と比較的離れて生きていけるだけのアイデンティティを創造できるまでになることが求められるのではなかろうか。こうしたことを考えさせられた事例である。アイデンティティの創造，その始まりは，その人が親に子どもとして世話を受けることではないだろうか。A子の場合は，自分がしてほしいことを親にしてしまう。親にしてもらえないからに他ならないから，そうするのである。いわば子どものときにこうしたかかわりを強いられる子どもは，自己が育ちにくい。疲れきった自己が創られる。攻撃性が内にこもるだけで，それを忘れるかのように，相手にしてほしいことを続けてしまう。状況打開のための光明が見出しにくい生きざまである。ここでセラピストのかかわりが影響する。単純なことである。A子が求めるものを与える。それは支配にならないように「ふれて，ふれられる」関係を続けていくことである。

　事例では夢が語られる。箱庭が置かれる。夢や箱庭が相互性の媒体を果たしている。クライエントの死に向かう動きに直接ふれるのではない。クライエントがつくり出したものを間に置きながら，これにふれることで両者がかかわるのである。媒体が関係を和らげる。かつ，深める。A子との心理療法で筆者が体験した実感である。自殺未遂者の心理療法となると，直接的で，硬く，強力に関与するイメージを抱きやすい。必要に応じてそうなりながらも，セラピストの側に「生きよという絶対的命令」（熊倉，2000）を心中堅持しながらも，関与は静かに柔らかく行われるほうがいいように思う。このときどうかすると，自殺の危険性を否認することがある。セラピストの安心のための否認に陥ることなく，媒体をはさみながらの関与が適当であるように思われる。

4　家族や学校関係者などへの支援

1──青少年に自殺のおそれがある場合

　青少年に自殺のおそれがあるのではないかと家族や学校関係者などの身近な人が気づくことがある。気づいた人はたいへん心配になるであろうし，それを

どのように受けとめどのように対処するかが，青少年のその後の経過に大きな影響を及ぼす場合も少なくない。それでは，自殺の危険を感じた場合，家族や学校関係者はどのように対応すればよいのであろうか。

稲村（1978）は家庭における対応として，次の3点を上げている。①本人との間に心の絆を築く。これは，本人に対して受容的で信頼的な関係をつくることである。②本人の抱えている問題を理解しいっしょに考える。③専門家によく相談する。また，学校における対応としては，次の4点を上げている。①本人との間に心の絆を築く。②家庭と連絡をとり協力態勢をしく。③本人の学友と連絡を密にする。④専門家によく相談する。学校での対応については，高橋（1999a）も，自殺の危険のある生徒を教師や他の生徒がサポートする時の原則として，次の4点を指摘している。①相手の悩みに真剣に耳を傾ける。②誠実な態度をとる。③相手の感情を理解する。④助けを求める。

このように，傾聴，真剣で誠実な態度，受容し共感しようとする姿勢，ひとりで抱え込むのではなく関係者や専門家に援助を求めることなどが重要となる。しかし，現実に，身近な人に自殺のおそれがあると感じた際には，強い動揺や不安が生まれ，落ち着いて対応することは容易ではない。そこで，家族や学校関係者などに対する専門家による援助が必要となる。それでは，家族や学校関係者などへの援助はどのように行われるのであろうか。

下園（2002）は大切な人の自殺におびえる人へのカウンセリングについて述べ，次の6つのステップをあげている。①クライエントを落ち着かせる。ここでは，傾聴とカウンセラーが落ち着いて反応することが重要となる。②大切な人の状況を把握する。③クライエントに大切な人の希死念慮を確認してもらう。これは，これから重要な役割を担っていくクライエントの意識を変えてもらうためにも必要である。④クライエントに大切な人の状況を説明する。この説明は，クライエントが理解でき，次の行動に移りやすい表現で行う必要がある。⑤具体的な指示をする。指示の内容は，大切な人をカウンセラーのもとに連れてくる方法，精神科受診の説得の仕方，病院の選び方，職場や学校への相談の仕方，支援組織の活用の仕方，ひとりにしないなど生活のなかでの注意や接し方，薬や病院とのつき合い方などについてである。⑥必要によりカウンセラーが行動で援助する。これには，家族への説得，職場や学校への説得・説

明，病院の紹介・連携，援助組織との連携などがある。

　こうした援助により，青少年の自殺を心配する人が安定し，本人を適切にサポートする行動がとれるようになることがめざされる。ただし，家族を対象とする場合には，「支援体制の主体として家族に協力を求めることが重要であるのはいうまでもないが，時には，家族全体の病理から患者の自殺の危険が高まっていることさえある」（高橋，1999b）ということも考えておかなければならない。本人と家族との関係や家族全体のあり方が本人の現在の状態に大きな影響を及ぼしている可能性もあるのである。

　自殺の背景要因のひとつとして，家族に関してさまざまな指摘がなされている。リッチマン（Richman, 1986）は自殺の危険のある家族の特徴を表3-3（p.88）のようにまとめている。また，フェファー（Pfeffer, 1986）は自殺の危険性の高い子どものいる家族の特徴として，次の5点を上げている。①世代間の境界の喪失があり，親自身が自分の親から十分な個体化をしていない。②夫婦間の関係が深刻で柔軟性に欠ける。③親の意識的かつ無意識的な感情が子どもに投影され，極端に柔軟性に欠ける慢性的な親子間の葛藤が存在する。④特に母子間において共生的な関係が持続する。⑤柔軟性に欠ける家族のシステムを有する。

　家族への援助を行う際には，このような可能性を念頭におき，家族の特徴・力動をしっかりと理解する必要がある。その結果によっては，自殺の危険のある青少年本人の問題への援助だけでなく，家族全体の問題への援助を考える必要がある場合もある。したがって，援助の目標は家族の状況によって異なってくるが，目標を検討する上で，次のような見解が参考となる。

表3-5　補助的な家族療法の目標（Pfeffer, 1986）

1．家族間に共感あふれる関係を築く。
2．親と子のコミュニケーションの道を開く。
3．親子間の意見の相違を解決する他の方法を計画する。
4．他の人々の感情，考え，必要性を思いやるような気持ちを育む。
5．一貫して安定した家族の雰囲気を保ちながらも，変化に対する耐性をつける。
6．それぞれの独立した機能を促進する。
7．親と子の双方の衝動的で，極めて攻撃的な行動の傾向を軽減する。
8．親と子の分離の不安を軽減する。

フェファー（1986）は自殺の危険性の高い子ども本人への援助とあわせて，家族の葛藤やストレスを軽減し，家庭の雰囲気が子どもの適切な発達により好ましいものとなるように，家族療法が必要であるとしている。そして，その目標を表3-5のようにまとめている。また，高橋（1999b）は「自殺の危険の高い患者の治療には，家族を治療同盟に加えることは不可欠であり，必要によっては，家族療法も適応となる」と述べた上で，次の5つの目標を上げている。①家族に協力を求めて，患者に関する情報を得る。②患者を保護し，自殺の危機を軽減するように働きかける。③家族の誰かに重篤な精神病の患者がいる場合には，並行してその人も治療する。④家族全体の病理を取り扱い，家族の葛藤を軽減することに焦点を置く。⑤患者が青少年で，両親の間の軋轢が患者の自殺の危機に関連しているような場合には，その問題を取り扱い，親が親としての役割を担って機能できるように働きかける。

2──青少年が自殺で亡くなった場合

ここまでは，青少年に自殺の危険がある場合について考えてきたが，不幸にして自殺により亡くなってしまうということも起こり得る。大切な人が自殺で亡くなるという体験は，病死や事故死の場合よりも，いっそう複雑で深刻な影響を遺された人に及ぼすといわれている。

遺された人にはさまざまな感情が起こってくるが，山下（2004）は自殺後に起こり得る一般的な反応として，次の10の反応を上げている。①身体的な症状。眠れない，すぐに目が覚めてしまう，食欲がない，息苦しい，心臓がドキドキする，力が入らない，疲れやすいなど。②さまざまな形の「なぜ」。「なぜ死んでしまったのか」「なぜ相談してくれなかったのか」など。③自責感，無力感，自信喪失。自分が死に追いやってしまったのではないか，自分の言動しだいで自殺を防げたかもしれない，大切な人のために何もしてあげられなかったなどの気持ち。また，自殺した人を非難する気持ちが起こることで自分を責める。④不安，恐怖感。自分あるいは他の大切な人もいつか自殺してしまうのではないかという不安。これからの生活に対する不安。自殺が起きた場所に行けない，暗い場所が恐い，ひとりでいるのが恐いなどの恐怖。自殺の発見者などの場合には，その光景が突然思い出される，悪夢にうなされるなども起き

る。⑤怒り，イライラ。どこにぶつけてよいかわからないような怒りやイライラを感じる。また，怒りは，自殺した人，他者，自分自身に向けられることもある。⑥自殺した人のことばかり考える。故人が自殺する前に何を考えどんな心境だったのかと思いをめぐらすことをやめられない。自殺した人の姿をつい追い求めてしまう。⑦抑うつ。涙が止まらない，何も手につかない，注意が集中できない，興味が湧かない，楽しくない，落ち着かない，急に不安になるなど。また，「どうせ私の気持ちなど誰もわかってくれない」と考え，周囲からの援助を拒絶して孤独，絶望に陥る場合もある。⑧回避，隠蔽。考えないようにする，話題にしないようにする，なかったかのように振舞う，事実を隠そうとするなど。こうすると，一人ひとりが自分のなかだけで考え，苦しむことになってしまう。⑨安堵感，救済感。自殺によって本人や周囲が救われた，あるいは死によって浄化されたという感覚。このような感覚が生まれることが，自責感につながる場合もある。⑩記念日反応。いったん心の整理がついたかのように感じていても，命日，誕生日など，故人を思い起こさせる日が近づくと，悲しみがよみがえり，「なぜ」の問いをくり返してしまう。故人によく似た人，同じ年ごろの人を見るとつらさがよみがえるという場合もある。

また，高橋（2003b）は遺された人の心理状態として，上記の反応以外に，驚愕，茫然自失，離人感，記憶の加工（ある特定の記憶が非常に鮮明に残る），否認・歪曲（自殺という事実を拒否しようとする），正当化・合理化，周囲からの非難を恐れる，二次的トラウマ（警察官の質問，周囲の人の言動によって，さらに打撃を深めてしまう）などをあげている。

どのような反応が起こるかは個人差が大きいが，高橋（2003b）は他者の自殺に特に影響を受ける可能性のある人を表3－6のようにまとめている。なお，自殺した人と個人的な関係がなくても，影響を受ける場合があるので留意が必要

表3－6　他者の自殺に特に影響を受ける可能性のある人（高橋，2003）

・自殺者と強い絆があった
・精神障害にかかっている
・これまでに自殺を図ったことがある
・自殺者と境遇が似ている
・自殺が起きたことに責任を感じている
・第一発見者，遺体の搬送をした
・葬儀でとくに打ちひしがれていた
・知人の自殺が生じた後，態度が変化した
・さまざまな問題を抱えている
・サポートが十分に得られない

である。また，こうした一般的な反応の生起だけでなく，うつ病，PTSD（心的外傷後ストレス障害），不安障害などより重篤な状態となっていく場合もある。

このように，遺された人には，さまざまな苦しみが生まれ，時にはその苦しみが何年も続く場合もある。そのため，遺された人に対する専門家による援助が必要となる。援助は，現在生じている苦しみを軽減することと，将来生じる可能性のあるPTSDなどの問題をできる限り予防することを目的として行われる。援助の方法には，個人に対する援助とグループに対する援助とがある。

個人に対する援助に関しては，下園（2002）が大切な人を自殺で失った人へのカウンセリングについて述べ，次のようなステップを上げている。①ケアの目的の説明と自己紹介。このとき，カウンセラーはクライエントを責めるためではなく，力になりたいためにここにいることを強調する。②事実の確認と情報の提供。遺された人は，断片的な情報に想像を加えて，自殺したことに自分の責任もあるという自責的な解釈をしやすい傾向がある。これを防ぐためには，クライエントがもっている情報と，カウンセラーがもっている情報（これを行うためには，カウンセラーは事前に関係者から情報を収集しておく必要がある）をつきあわせて，より客観的な情報にしていく過程が重要となる。③クライエントの感情の受容。この時，身体症状にもふれる。その上で，このような深刻な出来事の後には，そのような感情や身体症状が起こるのは自然であり普通のことであることを説明する。④解釈作業を手伝う。クライエントがあまり自分を責めることのない解釈で，今回の自殺を受けとめられるように援助する。また，クライエントの症状をどう解釈し受けとめればよいかについての説明が必要となる場合もある。⑤事後のサポートの約束。苦しい状態が長引くようであれば次の対策があること，その時には支援することを伝える。そして，以上のステップの他に，安定した生活環境（食事，睡眠，休息などが十分取れる）を整えること，物理的・精神的に孤立した状態に置かれないように配慮することが，遺された人の安定にとって重要であると指摘している。

また，高橋（2003b）は，精神科医の立場からの援助として，次の10の点を上げている。

①正常範囲の死別反応か心の病にかかっていないかをチェックする。そうい

った障害がある場合には並行してその治療も行う。
②傾聴。複雑な心の痛みを真正面から受けとめる。ただし，一度にすべてを話す必要はない。
③複雑な感情や反応が出てきて当然なので，そういった感情をそのまま受けとめていくように働きかける。
④悲しみや故人を忘れられないなどの感情を否定するのではなく，受け入れるように働きかける。
⑤自殺の後に起こり得る反応とそれへの対応の仕方について説明する。
⑥サポート体制を築く。本人と話し合って，支えてくれる人が誰かを見きわめ，協力を得られるような体制をつくる。その際，自助グループや電話相談などもサポート体制の一部となり得る。
⑦本人だけでなく，他の家族に対するケアも必要に応じて行う。
⑧自殺によって生じた経済的な問題，信仰上の問題など現実的な問題も取り扱う。
⑨自殺の背景について精神医学的に理解できたことがあれば，遺された人が立ち直る上で役に立つと判断される場合には，説明を行う。
⑩心の整理をするのを急がすことはしない。本人の側から自然な形でそのような気持ちが湧き上がってくるのを十分な時間をかけて待つ。

青少年の自殺が学校や職場などで起きた場合には，上記のような個人に対する援助だけでなく，グループに対する援助が必要となる場合がある。高橋（2003b）は，グループに対する援助の原則として，次のような進め方を述べている。①関係者の反応が把握できる人数で集まる。1グループの人数は10人くらいまでとし，できる限り共通項の多い人を同じグループにする。実施の時期はできるだけ早いほうが望ましいが，そのグループが援助を受け入れる準備ができている状態にあるかどうかを検討する必要がある。また，援助者は事前に，どのような事態で自殺が生じたのかについてできる限りの情報を得ておき，これから会う人々の心理状態をつかんでおく。②自殺について事実を中立的な立場で伝える。この際，自殺を非難したり，自殺者をおとしめるような発言はひかえる。逆に，故人の生前のようすをあまりにも美化して語るのも逆効果になる。③率直な感情を表現する機会を与える。ただし，全員が話をしなけ

ればならないといった雰囲気をつくってはならない。率直な気持ちを語ることも自由であるし，他の人々の話を黙って聞いている自由もあることを最初に保証しておく。④知人の自殺を経験したときに起こり得る反応や症状を説明する。自殺後に，いつもとは異なる経験をしている人がほかにもいることを知り，自分だけではないとわかっただけでも安心につながる。⑤個別に専門家による相談を希望する人にはその機会を与える。⑥自殺に特に影響を受ける可能性のある人に対して積極的に働きかける。個別に働きかける場合もあれば，影響を受ける可能性のある人の例を具体的にグループに説明しておき，周囲の人々に十分な注意を払ってほしいと依頼する場合もある。

　グループに対するより専門的な援助の方法にディブリーフィング（debriefing）があるが，ディブリーフィングは豊富な経験と知識をもつ専門家によって行われる必要がある。また，個人に対する援助とグループに対する援助は，互いに補い合う関係にある。個人に対する援助には，一人ひとり異なる多様な苦しみに応じることができる，他の人に遠慮せず自己表現することができるなどの利点がある。グループに対する援助には，多数の対象を援助することが可能となる，同じような経験をしている人がいることを直接感じることができるなどの利点がある。おのおのの状況によって，どちらの方法に力点を置いて援助を行うのが望ましいかを検討し判断する必要がある。

Column ⑬ 死への準備教育

　この世に生まれた限り，人は必ず死を迎える。私たちは，このあたりまえの事実を"知識"としては知っている。しかし，日々の生活のなかで，そのことを"実感"としてかみしめてみる機会は，案外に少ないのではないか。そこで，生涯学習としての死への準備教育が注目されるのである。わが国の死生学の草分けであるデーケン（Deeken, 2001）は，死への準備教育のなかでも特に教育とかかわる目標を12項目あげている。

　①死へのプロセスに対する理解。②人間らしい死に方を考える。③死のタブー化をやめよう。④死への恐怖と不安への対応。⑤生命への脅威―自殺を防ぐために。⑥病名告知とスピリチュアル・ケア。⑦ホスピス運動とは。⑧安楽死について。⑨臓器移植の考え方。⑩葬儀―子どもを参加させる意義。⑪ユーモア教育のすすめ。⑫死後への考察―哲学・宗教の立場。

　これらの目標を見ただけでも，死への準備教育の有する学際性（哲学，医学，心理学，歴史，文学，比較宗教学など）と，生涯教育であることの必然性が理解されよう。折々に生命や死について多様な視点から学び，考える機会が身近に存在することは，豊かな生の実現に益し，さらに自殺予防や老後の生きがいを考えるうえでも有用なのである。ガンで亡くなったジャーナリストの千葉敦子は，自著を『よく死ぬことは，よく生きることだ』（千葉, 1987）と題したが，まさにこの書名は死への準備教育の本質をよく表しているといえよう。

　死への準備教育の諸外国およびわが国の現状・動向はデーケン（1996；2001）に詳しい。たとえば，ドイツの国・公立の中学・高校では，週2時間の「宗教」の時間のなかで死への準備教育が行われているという。また，日本の学校現場での死への準備教育の実践に関心のある人には，授業研究を紹介した中村（2003）や，自らの講義資料を多数，収載している鈴木（1999）を参考書として薦めたい。

　青少年，特に児童を対象に死を教えるための本や絵本は，欧米ほどではないが日本でも出版されている。ここでは，筆者が医学部の心理学講義にて使用してきた図書を紹介したい。まず『死ぬってどういうこと？』（Grollman, 1990）は，子どもに死を教えるテキストとして最良の書である。ベストセラー絵本『葉っぱのフレディ』（Buscaglia, 1982）や『100万回生きたねこ』（佐野, 1977）は，ライフサイクルや生きることの意味について考える契機となる絵本として，ぜひ一読を薦めたい。また『いつでも会える』（菊田, 1998）は，死別後の子どもの心的過程を扱った絵本である。なお，医学部でも「死」を学際的に扱うことはほとんどないのが日本の現状である。

Column ⑭

徳島いのちの電話……「大丈夫ですよ」

「徳島いのちの電話」に寄せられた過去27年の相談統計では，10歳代が12％，20歳代が26％，30歳代が26％となっており（インターネットや携帯電話の普及とともに10歳代は半減した），30歳代の方々も15歳～20歳のころに利用し始め30歳に継続していることが多い。そして寄せられる相談内容をマクロで見ると「いかに生きるべきか」であり，個々の訴えをミクロで見ると「私はだめだ」である。それに対して「徳島いのちの電話」のメッセージは「大丈夫ですよ」である。電話相談は一過性といわれるが，27年の経験からすると必ずしもそうではない。そこには緩やかなアイデンティティの獲得を支援する役割が求められているように思う。

たとえば，小学校5年生の少女がいじめられ5万円を取り上げられ，今日また「7万円をもってこいと言われたけれどどうしよう」という相談から始まり，中学時代には家族や友達との人間関係に悩んで相談が続き，高校生では家出をして自殺未遂をしたり，直接訪ねてくることも多くなった。そのようななかで成人し，就職して相談から離れていった。その女性が，かかわってから23年ぶりに「私結婚します」と久々に幸せそうな声で電話をかけてきた。母親の離婚後のパートナーを父と呼べず，非行少女，問題児と否定的な評価のなかで「自分はだめな人間，いないほうがいいのだ」と自分を追いつめていった彼女の悩みを聴いてもらえるのは家族ではなく，いのちの電話であったのだ。

いのちの電話の生命線は親身になって話を聞き，心を通わせてともに考え，コーラー（相談者）の人間成長を促進し，成し得る限りの支援をすることである。

しかし27年を経た今日省みて思うことは，自殺予防という視点でとらえたとき，相談活動以外にもしなければならないことは多くあると思われる。そこで，徳島いのちの電話では，法人名を徳島県自殺予防協会に変更し，短期的課題として支部を設置して相談活動の拡充，中期的課題として，啓発普及活動のために「自殺予防フォーラム」や「チャリティ講演会」「公開講座・生きる」等の開催や機関紙「徳島いのちの電話」の発行，行政への働きかけを図るため「自殺予防政策研究会」の発足，長期的課題として「いのちの教育研究会」の発足等，新たな祈りと取り組みが始まった。その祈りは一人ひとりの幸せである。詳しくは，http://inochi.or.jp/（全国のいのちの電話についてはWebで「いのちの電話」を参照されたい）。

Column ⑮ 自死（自殺）遺児・遺族

　近年の自殺の増加に伴い，自殺によって予期せず家族を喪った人や子どもの数も増加している。彼らが受ける衝撃は非常に大きく，悲しみも深い。

　愛する人を喪った遺族は，悲しみの他にも怒りや償い，後悔などさまざまな気持ちを経験する。このような死別による心理的苦痛を経験しながら，いずれは心の整理を終え，新たな人生を歩み始めるプロセスを，ボウルビィ（Bowlby, 1980）は，「無感覚」「思慕と探求」「混乱と絶望」「再建」の4段階で表している。しかし，これらは必ずしも明確に区別されるものではなく，何度もくり返したり，後戻りしたりしながら進んでいく。そして，このような心理過程のなかで，自死遺児・遺族は，病気や事故による死別とは異なる感情を体験することが多い。

　まず，彼らは愛する家族の自殺という選択を「どうして止められなかったのか」と悔やみ，「自分のせいで死んだ」という自責の念から自己評価が低下する。遺児は「残された自分は親から愛されていなかった」と感じて自尊心を低めたり，将来自分も親のように自殺するのではないかという不安を抱いていたりする。

　また，家族の死やその心情について理解しようと思いを巡らせる。「どうして」という答えの出ない疑問をもち続け，何度も遺書を読み直したり，故人の人生をふり返ったり，死を迎えた季節・時間にその場に立ってみたりする。これらは，愛する人が自ら死を選ぶに至った原因や心情について自分なりの答えを模索しながら，能動的に死を受容すべく，家族の死を意味づけようとしているものと考えられる。

　しかし，"自殺は恥"，"自殺＝敗北"といった自殺に対する社会の偏見や無理解により，遺族が他者からの非難や冷たい視線を恐れたり，つらい思いをしたりすることも多い。そのために家族を自殺によって喪ったことを周囲に話せずに苦しんでいる遺族も多く，死別後の対人関係において，うしろめたさや親密になりにくさを感じていることもある。

　遺族はこのような感情を体験しながら，悲哀の心理過程を達成していくために死と向き合い，故人と自分との関係を整理していく。しかし，突然の死別による衝撃の大きさは死別後の適応を困難にすることからも，自死遺族がその悲哀に耐え，喪の仕事を達成することはたいへんな営みといえる。加えて，日常生活にはさまざまな雑事があり，しばしば遺族は死別というストレス以外にも，ひとり親での子育てへの責任と不安，家計の悪化による負担の増加や葬儀・法事での参列者への気遣いなど二次的なストレスを経験する。自殺や自死遺児・遺族への正しい理解を深めるとともに，それに基づく適切な心理的・身体的・社会的支援が求められる。

Column ⑯ 自殺未遂者の心

　自殺者数が毎年統計上に数字として明示される一方で、自殺未遂者数がはっきりと数字に表されることはない。しかし、自殺未遂者数は自殺者数の何倍とも何十倍とも推定されており、近年の自殺の増加に伴って自殺未遂の件数も増加しているのではないかと思われる。高橋（1997）によれば、自殺未遂者の自殺率は一般人口における自殺率よりも非常に高く、数百倍にもなる。したがって、自殺の増加を防ぐためには、自殺未遂者への十分な心のケアを行うことが重要であるといえる。

　自殺未遂者への支援を行うにあたり、彼らの心を理解するうえで重要と思われる点がある（高橋、1997）。まず、彼らがどれほどの思いを抱き、自分の行動がどのような結果を招くものと考えていたのかという点である。すなわち、自殺に及んだ行動の現実的な致死率ではなく、彼らの主観的認識を知るということである。リストカットでも、死なないと思っている場合と、必ず死ぬものだと思っている場合では、どちらも見過ごすことはできないにしろ、その危険性は大きく変わるだろう。

　次に、自殺行為が発見されて死を免れた場合や自殺行為が失敗に終わった場合、そのことに対して本人がどのように感じているかという点である。救助されたことについて、敵意や怒りを表す場合もあれば、絶望感や抑うつ感をもち続ける場合もある。一方で、周囲の心配をよそに、自殺未遂をまるで他人事のように話したり、一時的に抑うつ感が晴れたりする場合もある。また、自殺行為が失敗に終わったことで、われに返って自己嫌悪したり、危機感から生きる意欲を得たりする。表面的には平静を装っていても、内面では次の機会をうかがっている場合もあるだろう。そのため、周囲は自殺未遂者の表面的な姿だけに惑わされず、さまざまな感情を示すことを理解したうえで、彼らのつらい気持ちに耳を傾け、受容的にかかわることが求められる。

　自殺未遂者は、生きたい気持ちと死にたい気持ちの間で大きく揺れながら生きてきた人々が多い。あるとき、生きるつらさに耐えかねて自殺を図るものの、危機状態となって生きたいという思いが強く湧き起こり、自殺行為が未遂となる場合も多い。自ら死を選ぶ行動も彼らの意思表示のひとつであり、生きようとする叫びであると考えるなら、彼らが誰に何を訴えようとしたのかについても考えたいものである。そして、それについていっしょに考えていくことが、適切な支援や今後の彼らの生きる意欲にもつながるのではないかと思われる。

Column ⑰ 自殺に関するカウンセラーの法的責任

　患者・クライエントの自殺に対して治療者は法的責任を問われるのだろうか。精神科入院中の自殺に関する事件は相当数存在するものの、通院治療中の自殺について病院・医師の責任が追及されることはほとんどないようである（辻，1996）。いわんや、医師以外のカウンセラーの責任が問われた事例は、公刊判例集には見あたらない。

　一般に治療者には、診療契約上あるいは不法行為法上、患者の自殺を防止する義務がある。通院中の自殺を扱った事例は3件しか公表されていないが、うち2件は、医師が自殺念慮と自殺の危険性について家族に説明する義務を怠ったとして遺族が訴えたものである。通院治療の場合、家族への説明・指導は自殺防止のために最も重要な義務であるといってよい。しかし、両事件とも裁判所は説明義務違反を認めず、医師の過失を否定した（東京地裁1980年10月13日判決〔判例タイムズ433号134頁〕、大阪地裁1986年3月12日判決〔判例タイムズ599号61頁〕）。背景には、自殺防止措置の選択には治療者に相当の裁量があるという考え方が横たわっているものと思われる。

　アメリカには、生徒の自殺についてスクール・カウンセラーの責任が追及された事例がある。メリーランド州で、中学生が自殺をほのめかしたことを知らされたスクール・カウンセラーが、本人に問いただしたところ、生徒は自殺企図を否定したので、両親にそれを伝えなかったが、結局生徒は自殺したという事件が起こっている。裁判所によれば、スクール・カウンセラーは、生徒の自殺のおそれを知ったときは、自殺を防止するための合理的手段を用いる義務を有する。本件では、両親に電話するだけで義務を果たしたことになったであろうが、それもなされなかったので、カウンセラーの過失が認定されたわけである（Eisel v. Board of Education of Montgomery County, 597 A. 2d 447〔1991〕）。

　カウンセラーには、医師と同様、守秘義務がある（東京地裁1995年6月22日判決〔判例時報1550号40頁〕）。心を対象とする治療者にとって、この義務はきわめて重い。しかし、自殺のおそれがあるときに、心理的状況などを家族に知らせることは守秘義務違反にならないと、一般に理解されている。

　結局、問題は「自殺を防止するための合理的手段」を尽くしたか否かである。日米とも、現在のところさほど高いハードルを課しているようにはみえないものの、専門的訓練を受けたカウンセラーが関与して、しかも自殺のおそれが強い事例では、責任が肯定される場合もありうるものと思われる。

付章

自己を追いつめる青少年の心を理解するための
文献・資料集

付　章■自己を追いつめる青少年の心を理解するための文献・資料集

　本章では，青少年の自殺問題を理解する上で役立つと考えられる著書や資料のなかから，比較的新しく，読みやすいものを選び，以下に掲載した。本書を補充するものとして，ご活用いただければ幸いである。

(著者のアルファベット順)

飛鳥井　望　1994　自殺の危険因子としての精神障害―生命的危険性の高い企図手段を用いた自殺失敗者の診断学的検討―　精神神経学雑誌，**96**，415-443．

飛鳥井　望　2003　自殺の背景をなす精神障害　樋口輝彦(編)　自殺企図―その病理と予防・管理―　永井書店　Pp.60-71．

アルフォンス・デーケン(編)　1986　死への準備教育　メヂカルフレンド社

アルフォンス・デーケン　2001　生と死の教育　岩波書店

デュルケーム，E.(著)　宮島　喬(訳)　1985　自殺論　中公文庫

榎本博明　1996　ライブラリ　思春期の"こころのSOS"9　自殺―生きる力を高めるために―　サイエンス社

ファイン，K.(著)　飛田野裕子(訳)　2000　さよならも言わずに逝ったあなたへ―自殺が遺族に残すもの―　扶桑社

布施豊正　1985　自殺と文化　新潮選書

布施豊正　1991　死の横顔―なぜ彼らは自殺したのか―　誠信書房

藤井誠二・宮台真司　1999　美しき少年の理由なき自殺　メディアファクトリー

春原千秋(編)　1987　精神科MOOK　No.16　自殺　金原出版

橋本　治　1995　自殺予防―学校の現場から―　こころの科学，**63**，53-58．

橋本　治　1998　いじめ・不登校・自殺予防にかかわる―教師の立場から―　臨床死生学，**3**(1)，42-45．

橋本　治　1998　いじめと自殺の予防教育　明治図書

平山正美　1991　生死学とはなにか　日本評論社

平山正美・アルフォンス・デーケン　1986　身近な死の経験に学ぶ　春秋社

細井八重子　1993　子どもに「死」をどう教えるか―自殺を未然に防ぐための心育て―　東洋館出版社

飯嶋良味　2003　自殺行動の解明―生物学的研究の観点から―　精神保健研究，**49**，supplement，41-54．

稲村　博　1978　子供の自殺　東京大学出版会

稲村　博　1981　心の絆療法　誠信書房

稲村　博　1983　健康双書　自殺のサインをみのがすな　農山漁村文化協会

稲村　博　1985　自殺の心理　理論と力動　馬場謙一・福島　章・小川捷之・山中康裕(編)　日本人の深層分析4　攻撃性の深層　有斐閣

石井完一郎　1979　青年の生と死の間―出会いへの軌跡から―　弘文堂

ジィフィン，M.・フェルゼンタール，C.(著)　霜山徳爾・妙木浩之(訳)　1985　自殺のシ

グナル―青年期前後の記録― 産業図書
自死遺児編集委員会・あしなが育英会（編集） 2002 自殺って言えなかった サンマーク出版
川人 博・高橋祥友（編著） 1999 サラリーマンの自殺―今，予防のためにできること― 岩波書店
駒田陽子・野口博文・石原明子 2003 自殺と遺書 精神保健研究，**49**，supplement, 75-79.
小宮山 実・大森健一・中根 晃・宮本忠雄（編） 1996 生と死の精神病理 岩崎学術出版社
キューブラー・ロス, E.（著） 川口正吉（訳） 1971 死ぬ瞬間―死にゆく人々との対話― 読売新聞社
レスター, D.（著） 斎藤友紀雄（訳） 1995 自殺予防Q＆A 川島書店
マルツバーガー, J. T.（著） 高橋祥友（訳） 1994 自殺の精神分析―臨床的評価の定式化― 星和書店
宮崎隆穂 2003 自殺における社会的関係 精神保健研究，**49**，supplement, 55-60.
本宮輝薫 1996 死の衝動と不死の欲望―脳死・自殺・臨死の思想― 青弓社
中村博志（編著） 2003 死を通して生を考える教育―子供たちの健やかな未来をめざして― 川島書店
ネルソン, R. E.・ガラス, J. C.（著） 那波かおり（訳） 1997 友だちを自殺させないためにきみにできること アスペクト
日本医師会（編） 2004 自殺予防マニュアル――一般医療機関におけるうつ状態・うつ病の早期発見とその対応― 明石書店
日本自殺予防研究会・いのちの電話（編） 1979 自殺予防と死生観 星和書店
西田正弘 2003 「自殺って言えなかった」―自死遺児の心の痛みと回復― 公衆衛生, **67**(9)，679-682.
大原健士郎 1965 日本の自殺―孤独と不安の解明― 誠信書房
大原健士郎 1972 自殺論 太陽出版
大原健士郎 1973 ぼくは死にたくなかった 日新報道
大原健士郎 1987 心中考―愛と死の病理― 太陽出版
大原健士郎・大原浩市 1990 青年期の自殺 臨床精神医学，**19**(6)，799-804.
大原健士郎 1995 「死にたい」は「生きたい」―若き精神科医の体験― 講談社
大原健士郎 1996 「生きること」と「死ぬこと」―人はなぜ自殺するのか― 朝日新聞社
大原浩市・落合雅人・大原健士郎 1995 中学生の自殺 臨床精神医学，**24**(11)，1407-1410.
パークス, C. M.（著） 桑原治優・三野善央・曽根維石（訳） 1993 死別―遺された人たちを支えるために― メヂカ出版
フェファー, C. R.（著） 高橋祥友（訳） 1990 死に急ぐ子供たち―小児の自殺の臨床

医学的研究— 中央洋書出版部

レイノルズ, D.K.・ファーブロウ, N.L.(著) 大原健士郎(監訳) 1984 内からみた自殺 星和書店

リッチマン, J.(著) 高橋祥友(訳) 1993 自殺と家族 金剛出版

阪中順子 2003 中学校における危機介入の具体化のために—教員を対象とした自殺予防プログラムを実施して— 自殺予防と危機介入, 24(1), 10-17.

シュナイドマン, E.S.(著) 白井徳満・白井幸子(訳) 2001 自殺者のこころ—そして生きのびる道— 誠信書房

下園壮太 2002 自殺の危機とカウンセリング—自殺念慮への対応とディブリーフィング— 金剛出版

下園壮太 2003 人はどうして死にたがるのか—「自殺したい」が「生きよう」に変わる瞬間— 文芸社

鈴木國文 1998 臨床精神医学講座 18巻 思春期・青年期の自殺と学校 大森健一・島 悟(編) 家庭・学校・職場・地域の精神保健 中山書店 Pp.198-210.

鈴木康明 1999 生と死から学ぶ—デス・スタディーズ入門— 北大路書房

高橋祥友 1992 自殺の危険—臨床的評価と危機介入— 金剛出版

高橋祥友 1995 老人の自殺予防 老年精神医学雑誌, 6, 178-183.

高橋祥友 1996 自殺 小宮山 実・大森健一・中根 晃・宮本忠雄(編) 生と死の精神病理 岩崎学術出版社 Pp.53-82.

高橋祥友(編) 1997 精神医学から考える生と死 ターミナルケア, 自殺予防, 尊厳死をめぐって 金剛出版

高橋祥友 1997 自殺の心理学 講談社

高橋祥友 1998 群発自殺—流行を防ぎ, 模倣を止める— 中央公論社

高橋祥友 1999 青少年のための自殺予防マニュアル 金剛出版

高橋祥友 1999 家族力動からみた自殺の危険 日本家族心理学会(編) こころのパニック—家族臨床と危機への介入—(家族心理学年報17) 金子書房 Pp.53-66.

高橋祥友 2000 中高年の自殺を防ぐ本 法研

高橋祥友 2001 自殺のサインを読みとる 講談社

高橋祥友 2001 生と死の振り子 生命倫理とは何か 日本評論社

高橋祥友 2002 医療者が知っておきたい自殺のリスクマネジメント 医学書院

高橋祥友 2003 自殺, そして遺された人々 新興医学出版社

高橋祥友(編集) 2004 自殺のポストベンション—遺された人々への心のケア— 医学書院

高橋祥友 2004 自殺と適応障害 原田誠一(編) 適応障害 こころの科学, No.114 日本評論社

高橋祥友 2004 自殺未遂—「死にたい」と「生きたい」の心理学 講談社

武田さち子 2004 あなたは子どもの心と命を守れますか! WAVE出版

verb　2004　遺書—5人の若者が残した最期の言葉—　幻冬舎文庫
若林一美　2003　自殺した子どもの親たち　青弓社
渡辺直樹　2003　青年期の自殺の病理　別冊・医学のあゆみ　自殺の病理と実態—救急の現場から—　黒澤　尚（編）　医歯薬出版　Pp.15-18.
ウェクスタイン，L.（著）　大原健士郎（監訳）　1981　自殺学ハンドブック　星和書店
安岡　誉　1996　自殺企図・自傷行為　臨床精神医学，**25**（7），767-772.
安岡　誉　1997　自傷・自殺と人格障害　成田善弘（編）　人格障害　至文堂　Pp.204-212.
吉田章宏　2000　自殺の教育　教育と医学，**48**，448-455.

［雑誌の特集等］
特集　自殺は防げる　月刊日経サイエンス　2003年5月号
特別企画　自殺予防　高橋祥友（編）　こころの科学，No.118　2004　日本評論社
現代のエスプリ別冊　自殺学1　自殺の精神病理　大原健士郎（編）　1974　至文堂
現代のエスプリ別冊　自殺学2　自殺の心理学・精神医学　大原健士郎（編）　1975　至文堂
現代のエスプリ別冊　自殺学3　自殺の社会学・生態学　大原健士郎（編）　1975　至文堂
現代のエスプリ別冊　自殺学4　自殺と文化　大原健士郎（編）　1975　至文堂
現代のエスプリ別冊　自殺学5　自殺の防止　大原健士郎（編）　1975　至文堂
現代のエスプリ別冊　いじめ自殺　稲村　博・斎藤友紀雄（編）　1995　至文堂
現代のエスプリ別冊　自殺問題Q＆A—自殺予防のために—　秋山聡平・斎藤友紀雄（編）　2002　至文堂

引 用 文 献

■第1章

飛鳥井　望　2000　自殺の病理と実態—精神疾患による自殺の病理—　医学のあゆみ, **194**(6), 514-519.

榎本博明　1996　自殺—生きる力を高めるために—　サイエンス社

細井八重子　1993　子どもに「死」をどう教えるか—自殺を未然に防ぐための心育て—　東洋館出版社

飯嶋良味　2003　自殺行動の解明—生物学的研究の観点から—　精神保健研究, **49**, supplement, 41-54.

石原明子　2003　自殺学とは何か—自殺研究の方法と題材—　精神保健研究, **49**, supplement, 5-12.

笠原　嘉　1977　青年期　中公新書

警察庁　1998　警察白書

警察庁生活安全局　2004　平成15年中における自殺の概要資料　警察白書

駒田陽子・野口博文・石原明子　2003　自殺と遺書　精神保健研究, **49**, suppliment, 75-79.

Maltsberger, J. T.　1986　*Suicide Risk: The formulation of clinical judgment.*　New York: New York University Press.　高橋祥友（訳）　1994　自殺の精神分析—臨床的判断の精神力動的定式化—　星和書店

Maltsberger, J. T.　2004　The descent into suicide. *International Journal of Psychoanalysis*, **85**, 653-668.

Menninger, K. A.　1938　*Man against Himself.*　New York: Harcourt Brace and World.　草野栄三（訳）　1963　おのれに背くもの（上）　日本教文社

三木　清　1954　人生論ノート　新潮社

宮崎隆穂　2003　自殺における社会的関係　精神保健研究, **49**, supplement, 55-60.

妙木浩之　1997　自殺徴候の早期発見　1997　國分康孝（監修）　スクールカウンセリング事典　東京書籍

大原健士郎　2001　働き盛りのうつと自殺　創元社

大原健士郎　1991　実践問題行動教育体系　12自殺　開隆堂出版

大原健士郎・大原浩市　1990　青年期の自殺　臨床精神医学, **19**(6), 799-804.

大原健士郎・清水　信・藍沢鎮雄・小島　洋　1963　児童の自殺　精神神経学雑誌, **65**, 468-481.

大原浩市・落合雅人・大原健士郎　1995　中学生の自殺　臨床精神医学, **24**(11), 1407-1410.

Pfeffer, C. R.　1986　*The Suicidal Child.*　New York: The Guilford Press.　高橋祥友（訳）　1990　死に急ぐ子供たち—小児の自殺の臨床精神医学的研究　中央洋書出版部

引用文献

清水將之・岩田卓也　1998　子どもの自殺　臨床精神医学講座　11巻　花田雅憲・山崎晃資（編）　児童青年期精神障害　中山書店　Pp.231-237.
Shneidman, E. S.　1996　*The Suicidal Mind*. New York: Oxford University Press.　白井徳満・白井幸子（訳）　2001　自殺者のこころ―そして生きのびる道―　誠信書房
杉原一昭　2001　ヴァーチャル世界に生きる若者　杉原一昭（編）　危機を生きる―命の発達心理学―　ナカニシヤ出版
鈴木國文　1998　思春期・青年期の自殺と学校　臨床精神医学講座　18巻　大森健一・島悟編　家庭・学校・職場・地域の精神保健　中山書店　Pp.198-210.
高橋祥友　1992　自殺の危険―臨床的評価と危機介入―　金剛出版
高橋祥友　1997　自殺の心理学　講談社現代新書
高橋祥友　1998　群発自殺―流行を防ぎ，模倣を止める―　中央公論社
高橋祥友　1999　青少年のための自殺予防マニュアル　金剛出版
高橋祥友　2000　中年期とこころの危機　日本放送出版会
高橋祥友　2001　自殺のサインを読みとる　講談社
竹村堅次・志村翯　1987　自殺のサイン　診療新社
渡辺直樹　2003　青年期の自殺の病理　黒澤尚（編）　別冊・医学のあゆみ　自殺の病理と実態―救急の現場から―　医師薬出版　Pp.15-18.

コラム②

高橋祥友　1997　自殺の心理学　講談社現代新書
福島章　1992　青年期の心　講談社
秋山聡平　2002　なぜ自殺未遂を繰り返すのでしょうか　秋山聡平・斎藤友紀雄（編）　現代のエスプリ別冊　自殺問題Q&A　至文堂　Pp.119-121.

コラム③

大原健士郎　1965　日本の自殺―孤独と不安の解明―　誠信書房
高橋祥友　2001　自殺のサインを読みとる　講談社
竹村堅次・志村翯　1987　精神科選書5　自殺のサイン　診療新社
内田千代子　2003　大学における休・退学，留年学生について～調査をもとに～　文部科学省高等教育局学生課編　大学と学生（2月号・第460号）特集・学生相談　Pp.25-33.
内野悌司　2004　大学生の自殺予防　青木省三・岡崎祐士（編）　こころの科学118　特別企画　自殺予防　日本評論社　Pp.24-28.

コラム④

藤田定　2004　キャンパスでの自殺予防対策について　愛知教育大学保健管理センター紀要, **3**, 3-7.
内田千代子　2003　大学における休・退学，留年学生について～調査をもとに～　文部科学省高等教育局学生課編　大学と学生（2月号・第460号）特集・学生相談　Pp.25-33.

引用文献

高橋祥友　1997　自殺の心理学　講談社現代新書
鶴見　済　1993　完全自殺マニュアル　太田出版

■第2章

上里一郎（編）1980　シンポジウム　青年期2　自殺行動の心理と指導　ナカニシヤ出版
American Psychiatric Association　1994　*Diagnostic and Statistical Manual of Mental Disorders, Forth Edition.*　高橋三郎・大野　裕ら（訳）　1995　DSM-Ⅳ精神疾患の分類と診断の手引き　医学書院
飛鳥井　望　1994　自殺の危険因子としての精神障害—生命的危険性の高い企図手段をもちいた自殺失敗者の診断学的検討—　精神神経学雑誌, **96**(6), 415-443.
榎本博明　1996　自殺—生きる力を高めるために—　サイエンス社
藤山直樹　1994　境界型人格障害の臨床　臨床精神医学, **23**, 873-881.
市田　勝・木村宏之　2004　境界例と自傷　川谷大治（編）　自傷—リストカットを中心に—　現代のエスプリ, **443**, 73-84.
生田憲正　1994　境界型人格障害の経過と転帰　臨床精神医学, **23**, 865-872.
Kaplan, H. I., Sadock, B. J., & Grebb, J. A.　1994　*Kaplan and Sadock's Synopsis of Psychiatry: Behavioral Sciences, Clinical Psychiatry.*　Philadelphia: Williams & Wilkins.　井上令一・四宮滋子（訳）　1996　カプラン臨床精神医学テキスト—DSM-Ⅳ診断基準の臨床への展開　メディカル・サイエンス・インターナショナル
警察庁生活安全局　2004　平成15年中における自殺の概要資料　警察白書
金田一　勇・矢崎妙子　1987　うつ病・うつ状態と自殺　春原千秋（編）　精神科MOOK No.16　自殺　金原出版　Pp.130-140.
厚生労働省　2003　10代・20代を中心とした「ひきこもり」をめぐる地域精神保健活動のガイドライン
厚生労働省　2004　平成16年版労働経済白書
Links, P. S., Grent, B., & Ratnayake, R.　2003　Assessing Suicidal Youth with Antisocial, Borderline, or Narcissistic Personality Disorder.　*The Canadian Journal of Psychiatry*, **48**(5), 301-310.
Maltsberger, J. T.　1986　*Suicide Risk.*　New York: New York University Press.　高橋祥友（訳）　1994　自殺の精神分析　星和書店
文部科学省　2003　生徒指導上の諸問題の現状について（概要）
　　http://www.mext.go.jp/b_menu/houdou/15/12/03121902.htm
文部科学省　2004　生徒指導上の諸問題の現状について（概要）　報道発表
森田洋司・清水賢二　1986　いじめ—教室の病い—　金子書房
西平直喜　1979　揺れる青春　有斐閣
岡野憲一郎　1995　外傷性精神障害—心の傷の病理と治療　岩崎学術出版社

Pfeffer, C. R 1986 *The Suicidal Child.* New York: Guilford. 高橋祥友（訳） 1990 死に急ぐ子供たち 中央洋書出版部

Richman, J. 1986 *Family Therapy for Suicidal People.* New York: Springer. 高橋祥友（訳） 1993 自殺と家族 金剛出版

Ronningstam, E. F., & Maltsberger, J. T. 1998 Pathological narcissism and sudden suicide-related collpse. *Suicide Life Threat Behavior,* **28**, 261-71.

Sabbath, J. C. 1969 The Suicidal Adolescent: The Expendable Child. *Journal of American Academy of Child Psychiatry,* **8**, 272-282.

斎藤　環　1998　社会的ひきこもり　終わらない思春期　PHP研究所

斎藤　環　2002　「ひきこもり」救出マニュアル　PHP研究所

坂上紀幸・清水宗夫　1998　各論15　comorbidity B.　不安とうつ病　広瀬徹也・樋口輝彦（編）　臨床精神医学講座第4巻　気分障害　中山書店　Pp.424-443.

境　泉洋・植田健太・中村　光・嶋田洋徳・金沢吉展・坂野雄二・NPO法人全国引きこもりKHJ親の会　2005　「ひきこもり」の実態に関する調査報告書2―NPO法人全国引きこもりKHJ親の会における実態―

Stone, M. 1989 Long-term follow-up of narcissistic personality disorder. *Psychiatry Clinical North American,* **12**, 621-641.

高橋祥友　1992　自殺の危険；臨床的評価と危機介入　金剛出版

高橋祥友　1996　自殺　小見山　実・大森健一・中根　晃・宮本忠雄（編）　生と死の精神病理　岩崎学術出版社　Pp.53-82.

高橋祥友　1997a　自殺の心理学　講談社現代新書

高橋祥友　1997b　子供の自殺とその対策　日本小児心身医学会雑誌, **6**, 15-22.

高橋祥友　1998　群発自殺　中公新書

高橋祥友　1999　青少年のための自殺予防マニュアル　金剛出版

高橋祥友　2002　医療者が知っておきたい自殺のリスクマネジメント　医学書院

高橋祥友・福間　詳（編）　2004　自殺のポストベンション―遺された人々へのこころのケア―　医学書院

武田さち子　2004　あなたは子どもの心と命を守れますか！　WAVE出版

田中千穂子　1996　ひきこもり―「対話する関係」を取り戻すために―　ライブラリ　思春期の"こころのSOS" 7　サイエンス社

藤内栄太・西村良二　2004　自殺の「準備状態」としての幼少期の養育背景―発達心理学や児童精神医学の立場から―　こころの臨床アラカルト　23巻, 1号, 25-30.

山中康裕　1978　思春期内閉　Juvenile Seclusion―治療実践よりみた内閉神経症（いわゆる学校恐怖症）の精神病理―　中井久夫・山中康裕（編）　思春期の精神病理と治療　岩崎学術出版社　Pp.17-62.

安岡　誉　1997　自傷・自殺と人格障害　成田善弘（編）　人格障害　至文堂　Pp.204-212.

引用文献

コラム⑤

三好順子　1999　青年期の死生観―死に関する経験及びアイデンティティとの関連―　鳴門教育大学大学院学校教育研究科修士論文

コラム⑥

河合隼雄　1976　中年の危機と再生―母性社会日本の病理―　中央公論社
杉原一昭（編）　2001　危機を生きる―命の発達心理学―　ナカニシヤ出版
高橋祥友　2001　職場における自殺の予防と対策　厚生労働省
高橋祥友　2003　中高年自殺―その実態と予防のために―　筑摩書房

コラム⑦

長谷屋　誠　2004　高齢者の希死念慮に影響を及ぼす要因の検討―秋田県と愛知県の在宅高齢者を比較して―　自殺予防と危機介入, **25**, 40-48.
警察庁（編）　2003　警察白書平成15年版　ぎょうせい
大山博史　2003　第2章　高齢者自殺予防の基礎　大山博史（編著）　高齢者自殺予防マニュアル　診断と治療社　Pp.25-49.
高橋邦明・佐藤　新　1999　老年期の自殺の疫学　老年精神医学雑誌, **10**, 932-939.
高橋祥友　1995　老人の自殺予防　老年精神医学雑誌, **6**, 178-183.
高橋祥友　2001　自殺のサインを読みとる　講談社
上野正彦・庄司宗介・浅川昌洋・大瀬正江ほか　1981　老人の自殺　日大医誌, **40**, 1109-1119.

コラム⑧

高橋祥友　1999　青少年のための自殺予防マニュアル　金剛出版

コラム⑨

大原健士郎　1987　心中考―愛と死の病理―　太陽出版
高橋祥友　1997　自殺の心理学　講談社新書現代新書

コラム⑩

Rosenthal, R. J., Rinzler, C., Walsh, R. Z. et al.　1972　"Wrist-cutting syndrome". *American Journal of Psychiatry*, **128**, 1363-1368.
安岡　誉　1996　自殺企図・自傷行為　臨床精神医学, **25**(7), 767-772.

コラム⑪

秋山聡平　2002　作家と自殺　秋山聡平・斎藤友紀雄（編）　現代のエスプリ別冊　自殺問題Q＆A　自殺予防のために　至文堂　Pp.139-140.
福島　章　1984　天才　創造のパトグラフィー　講談社現代新書

コラム⑫

Allport, G. W.　1968　*The person in psychology: Selected essays by Gordon W. Allport*.　Boston:

引用文献

　　Beacon Press. 依田　新・星野　命・宮本美沙子（訳）　1977　心理学における人間　培風館
Erikson, E. H.　1959　*Identity and the Life Cycle. Psychological Issue, No.1.*　New York: International University Press. 小此木啓吾（訳編）　1973　自我同一性　アイデンティティとライフサイクル　誠信書房
稲村　博　1977　自殺学　その治療と予防のために　東京大学出版会
NHK放送文化研究所（編）　2000　現代日本人の意識構造　第5版　NHKブックス

■第3章

青木省三　2001　思春期の心の臨床　金剛出版
飛鳥井　望　2003　自殺の背景をなす精神障害　樋口輝彦（編）　自殺企図―その病理と予防・管理―　永井書店　Pp.60-71.
榎本博明　2000　青年の自殺　教育と医学, **48**(5), 408-415.
橋本　治　1995　自殺予防―学校の現場から　こころの科学, **63**, 53-58.
橋本　治　1998a　いじめ・不登校・自殺予防にかかわる―教師の立場から―　臨床死生学, **3**(1), 42-45.
橋本　治　1998b　いじめと自殺の予防教育　明治図書
稲村　博　1978　子どもの自殺（ＵＰ選書188）　東京大学出版会
自殺防止対策有識者懇談会　2003　自殺予防に向けての提言　自殺予防と危機介入, **24**, 47-60.（厚生労働省のホームページ内でも閲覧可能；
　　http://www.mhlw.go.jp/houdou/2002/12/h1218-3.html）
警察庁（編）　2003　警察白書平成15年版　ぎょうせい
熊倉伸宏　2000　死の欲動　新興医学出版
Maltsberger, J. T.　1986　*Suicide Risk: The Formulation of Clinical Judgment.*　New York University Press. 高橋祥友（訳）　1994　自殺の精神分析　星和書店
長岡利貞　2002　青少年の自殺はいぜんとして多いのですか　秋山聡平・斎藤友紀雄（編）　現代のエスプリ別冊 自殺問題Q＆A―自殺予防のために―　至文堂　Pp.58-60.
日本医師会（編）　2004　自殺予防マニュアル――般医療機関におけるうつ状態・うつ病の早期発見とその対応―　明石書店
西田正弘　2003　「自殺って言えなかった」―自死遺児の心の痛みと回復―　公衆衛生, **67**(9), 679-682.
Pfeffer, C. R.　1986　*The Suicidal Child.*　New York: The Guilford Press. 高橋祥友（訳）　1990　死に急ぐ子供たち―小児の自殺の臨床精神医学的研究―　中央洋書出版部
Richman, J.　1986　*Family Therapy for Suicidal People.*　New York: Springer. 高橋祥友（訳）　1993　自殺と家族　金剛出版
阪中順子　2003　中学校における危機介入の具体化のために―教員を対象とした自殺予防プ

ログラムを実施して— 自殺予防と危機介入, **24**(1), 10-17.
下園壯太　2002　自殺の危機とカウンセリング—自殺念慮への対応とディブリーフィング—　金剛出版
社会福祉法人　奈良「いのちの電話」協会（編）　藤掛永良・今井靖親（監修）　1999　実践電話カウンセリング　朱鷺書房
高橋祥友　1990　カリフォルニア州の自殺予防教育について　こころの臨床ア・ラ・カルト, **9**(2), 83-88.
高橋祥友　1992　自殺の危険　臨床的評価と危機介入　金剛出版
高橋祥友　1999a　青少年のための自殺予防マニュアル　金剛出版
高橋祥友　1999b　家族力動からみた自殺の危険　日本家族心理学会（編）　こころのパニック—家族臨床と危機への介入—（家族心理学年報17）　金子書房　Pp.53-66.
高橋祥友　2001　自殺のサインを読みとる　講談社
高橋祥友　2003a　自殺企図は予防可能か　樋口輝彦（編）　自殺企図—その病理と予防・管理—　永井書店　Pp.178-186.
高橋祥友　2003b　自殺，そして遺された人々　新興医学出版社
高橋祥友　2004　自殺予防は医療者全体の問題　日本医師会（編）　自殺予防マニュアル—一般医療機関におけるうつ状態・うつ病の早期発見とその対応—　明石書店　Pp.7-8.
竹島　正・三宅由子・佐名手三恵　2004　都道府県・政令指定都市における自殺予防対策の実態　Health Sciences, **20**, 223-226.
鶴見　済　1993　完全自殺マニュアル　太田出版
上地安昭　2002　学校の危機対応の実態とこれからの生徒指導　月刊生徒指導2002年12月号　Pp.16-21.
山下千代　2004　遺された人々に起こり得る反応　高橋祥友・福間　詳（編）　自殺のポストベンション—遺された人々への心のケア—　医学書院　Pp.19-46.
吉田章宏　2000　自殺の教育　教育と医学, **48**, 448-455.

　コラム⑬

Buscaglia, L.　1982　*The fall of Freddie the leaf.*　Charles B. Slack, Ink.　みらいなな（訳）　1998　葉っぱのフレディ—いのちの旅—　童話屋
千葉敦子　1987　よく死ぬことは，よく生きることだ　文藝春秋
アルフォンス・デーケン　1996　死とどう向き合うか　日本放送出版協会
アルフォンス・デーケン　2001　生と死の教育　岩波書店
Grollman, E. A.　1990　*Talking about death.*　Beacon Press.　重兼裕子（訳）　1992　死ぬってどういうこと？—子どもに「死」を語るとき—　春秋社
菊田まりこ　1998　いつでも会える　学習研究社
中村博志（編著）　2003　死を通して生を考える教育—子供たちの健やかな未来をめざして—　川島書店

佐野洋子　1977　100万回生きたねこ　講談社
鈴木康明　1999　生と死から学ぶ―デス・スタディーズ入門―　北大路書房

コラム⑮
Bowlby, J.　1980　*Attachment and Loss, vol. 3, Loss: Sadness and Depression.* London: Hogarth Press.　黒田実郎・吉田恒子・横浜恵三子(訳)　1981　母子関係の理論Ⅲ対象喪失　岩崎学術出版社

コラム⑯
高橋祥友　1997　自殺の心理学　講談社現代新書

コラム⑰
辻　伸行　1996　精神障害者による殺傷事故および自殺と損害賠償責任(2)(3)　判例時報, **1552**, 164-176; **1555**, 164-173.

人名索引

●A
上里一郎　39
秋山聡平　27, 71
芥川龍之介　71
Allport, G. W.　72
青木省三　104, 105
Arango, V.　26
飛鳥井　望　10, 58-60

●B
Bowlby, J.　118
Buscaglia, L.　116

●C
千葉敦子　116

●D
太宰　治　71
Deeken, A.　116

●E
榎本博明　10, 58, 94
Erikson, E. H.　72

●F
藤村　操　18, 23
藤田　定　29
藤山直樹　65
福島　章　27, 71

●G
von Goethe, J. W.　34
Grollman, E. A.　116

●H
長谷屋　誠　45
橋本　治　96, 97
細井八重子　20

●I
市田　勝　64
飯嶋良味　10, 11
生田憲正　65
稲村　博　72, 109

●K
Kaplan, H. I.　61
川端康成　71
河合隼雄　44
菊田まりこ　116
金田一　勇　60
駒田陽子　6
Krietman, N.　102
熊倉伸宏　107, 108

●L
Lombroso, C.　4

●M
Maltsberger, J. T.　14, 17, 38, 90
Mann, J. J.　26
Menninger, K.　3, 16
三木　清　20
三好順子　43
森田洋司　50
妙木浩之　20, 22

●N
長岡利貞　94
中村博志　116
西田正弘　95
西平直喜　39

●O
大原健士郎　6, 11, 14, 16, 28, 69
大原浩市　20, 21
大山博史　45
岡野憲一郎　61

●P
Pandey, G. N.　26

人名索引

Pfeffer, C. R.　　12, 38, 110, 111

● R

Richman, J.　　38, 87, 110
Rinks, P. S.　　64-66
Ronningstam, E. F.　　67
Rosenthal, R. J.　　70

● S

Sabbath, J. C.　　38
斎藤　環　　54-57
坂上紀幸　　63
境　泉洋　　54
阪中順子　　97
佐野洋子　　116
Schou, M.　　26
清水將之　　12
下園荘太　　109, 113
Shneidman, E. S.　　15
Stone, M.　　65
杉原一昭　　20, 44
鈴木國文　　15
鈴木康明　　116

● T

高橋祥友　　6, 9-12, 19, 24, 27-29, 33, 34, 36-39, 44, 45, 60, 62, 68, 69, 74, 89, 92-96, 103, 109-114, 119
高橋邦明　　45
武田さち子　　48
竹村堅次　　28
竹島　正　　93
田中千穂子　　56, 57
藤内栄太　　60
辻　伸行　　120
鶴見　済　　94

● U

内田千代子　　28, 29
内野悌司　　28
上地安昭　　94
上野正彦　　45

● W

渡辺直樹　　17

● Y

安岡　誉　　64, 65, 70
山中康裕　　56
山下千代　　92, 111
吉田章宏　　98

事項索引

●あ
アイデンティティ拡散症候群　53
あきらめの自殺　15
憧れ自殺　20
圧倒するような孤立感　14
アルコール障害　59
安全感の喪失　50

●い
生きよという絶対的命令　108
いじめ自殺　36, 46
いじめの予見可能性　52
いのちの教育　98
「いのちの電話」活動　86
インターネット集団自殺　29
インターベンション（intervention）　96

●う
ウェルテル効果　34
うつ症状を伴う気分障害　59
うつ病　10

●か
外傷性精神障害　61
解離性障害　62
解離性同一性障害　62
学生相談室　75
拡大自殺　4
隠れた神経症　85
仮想現実（ヴァーチャル・リアリティ）　19
仮想死　20
家族療法　87, 111
空の巣症候群　9
間接自殺　4

『完全自殺マニュアル』　29

●き
疑似性自殺　3
希死念慮　36, 75
境界性人格障害　64, 66
境界性人格障害の自傷性　65

●く
空想的自殺　20
群発自殺（clister suicide）　9, 24, 34, 35

●け
原因・動機別自殺者数　6

●こ
こころの休憩室　77
孤独の病　9
孤立無援の段階　39
殺されたい願望　16

●さ
最終段階　80
殺意　16
殺害に至るほどの怒り　14

●し
GHQ（General Health Questionnaire）　76
自己愛性人格障害　64-66
事故傾性（accident proneness）　38
自己破壊性　64
自己破壊的行動　16, 94
自殺　2
自殺回避の試み　40
自殺系サイト　22
自殺掲示板　22
自殺後に起こり得る一般的な反応　111
自殺遂行への強化段階　40
自殺の原因　5

137

事項索引

自殺の家族歴　11
自殺の危険因子　29, 36, 74
自殺の危険のある家族　110
自殺の神経病理学　26
自殺の背景要因　8, 110
自殺防止対策有識者懇談会　93
自殺ほう助サイト　29
自殺未遂　36
自殺未遂者　27, 33, 103, 119
自殺未遂歴　36, 75
自殺予防教育プログラム　95
自殺予防対策　93
自殺予防に向けての提言　93
『自殺予防マニュアル』　93
思春期内閉　53
自傷行為　29, 70
自尊心の低下　50
児童虐待　10
児童相談所　90
死にたいと思う願望　16
死の本能　84
社会的ひきこもり　54
守秘義務　84, 120
準備状態（自殺傾向）　6
心中　69
身体的・性的な暴力　61
心理学的剖検　3
心理学的剖検研究　58
心理的視野狭窄　24

●す
救いを求める自殺　15
スクール・カウンセラー　90
スクリーニング・テスト　76
スチューデント・アパシー　53

●せ
精神分析的心理療法　89
摂食障害　60

セロトニン作動性機能　11

●そ
喪失体験　8, 38

●た
退却神経症　53
対人関係からの切断　50
短期の自殺予防　96

●ち
中年危機（mid-life crisis）　44
長期の自殺予防　96
直接動機（引き金）　6

●て
ディブリーフィング（debriefing）　115
手首自傷症候群（wrist cutting symdrome）　70
哲学自殺　17

●と
統合失調症　10, 58
突然の自殺　41
ドラマチックな死　19

●に
ニート（NEET）　53
二次のトラウマ　112
入院治療　87
認知行動療法　89

●ね
ネット心中　69

●は
パニック障害　63
パラ自殺（parasuicide）　102

●ひ
被影響性の強さ　23
ひきこもり　54
病的同一化　35

病的ひきこもり　54

●ふ
プリベンション（prevention）　96

●ほ
ボーダーラインの段階　80
ポストベンション（postvention）　96

●ま
マスメディアの影響　24, 35
慢性自殺　3

●む
無価値感　14

無力感の増大　50

●も
モラトリアム人間　53

●や
薬物性障害　59
薬物療法　86

●り
リストカット　70
リチウム　26

●れ
レトリックの段階　80

【執筆者一覧】

大原健士郎	月照庵クリニック	1-1
藤巴　正和	広島工業大学	1-2-1
勝見　吉彰	県立広島大学	1-2-2
石田　　弓	編者	1-2-3, 付章, コラム1, 8
高橋　祥友	防衛医科大学校	2-1-1, 2-1-2, 3-2-2
宮下　一博	千葉大学	2-1-3
中村　博文	松山東雲女子大学	2-2-1
渡辺　　亘	大分大学	2-2-2
安達奈穂子	広島経済大学	2-2-3
内野　悌司	広島大学	2-2-4
森田　裕司	広島経済大学	3-1-1
岡　　昌之	首都大学東京	3-1-2
藤沢　敏幸	安田女子大学	3-1-3
林　　智一	大分大学	3-2-1, コラム7, 13
高尾　兼利	佐賀短期大学	3-2-3
山田　俊介	香川大学	3-2-4

■コラム

磯部　晶子	谷町こどもセンター	コラム2
溝口　　剛	香川大学	コラム3, 4
三好　順子	鹿児島大学病院	コラム5
齋藤　　愛	徳島県警察少年サポートセンター	コラム6
深井　玲華	コミュノテ風と虹のぞえ総合心療病院	コラム9, 10
森　　和弘	医療法人清潮会三和中央病院	コラム11, 12
近藤　治郎	徳島県自殺予防協会	コラム14
平野　由紀	兵庫教育大学	コラム15, 16
横藤田　誠	広島国際大学	コラム17

【編者紹介】

石田　弓（いしだ・ゆみ）

　1967年　大阪府に生まれる
　1997年　広島大学大学院教育学研究科博士課程後期単位取得退学
　現　在　徳島大学総合科学部助教授（心理学修士）

【主著・論文】

　現代のエスプリ387　イメージ療法（共著）　至文堂　1999年
　子どものパーソナリティと社会性の発達（共著）　北大路書房
　　2000年
　火のある風景描画法に関する基礎的研究（Ⅱ）　臨床描画研究16,
　　172-189　2002年
　子どもの「火のある風景描画法」の描画特徴に関する一研究　臨床
　　描画研究19, 100-119　2004年
　生きる力を育む生徒指導（共著）　北樹出版　2005年

シリーズ 荒れる青少年の心

自己を追いつめる青少年の心
―自殺の心理―
発達臨床心理学的考察

2005年9月10日　初版第1刷印刷　　　定価はカバーに表示
2005年9月20日　初版第1刷発行　　　してあります。

編著者　石田　弓
発行者　小森　公明
発行所　㈱北大路書房
〒603-8303　京都市北区紫野十二坊町12-8
電　話　(075) 431-0361㈹
Ｆ Ａ Ｘ　(075) 431-9393
振　替　01050-4-2083

©2005　制作/ラインアート日向・華洲屋　印刷・製本/㈱太洋社
検印省略　落丁・乱丁本はお取り替えいたします
ISBN4-7628-2465-8　Printed in Japan